あたらしい
家づくりの
教科書

高性能なエコハウスに暮らす

出かけるよりも、家にいることが、
たのしみになった

昼も夜も
洞窟みたいにひんやりしてる

ていねいに暮らしたい
かといって、全部はできない

この家は燃費がいい
薪はちょっとしか使わない
ヘタレの僕にはちょうどいい

みんなが集まる家、
あこがれてた

子どもはいつだって布団をはぐ
寒くないかな、って
心配をしなくなった

眠りが深くなった
目覚めが良くなった

暑いとか、寒いとか、
子どもがグズることが減った

朝ごはんは近所のパン屋さんで
家づくりは地元の工務店で

外が寒いって気づかずに、
家を出てしまうこともある…

真冬だって窓辺が特等席

冬の暮らしはもっと自由に
床に座る、床に寝そべる
窓辺だってあったかい

子どもが寝静まったら大人タイム
この家はほんとに静か

どうやらネコも喜んでる

団欒タイムは薪ストーブ

どんなリゾートも敵わない
この家は、一生続く、ご褒美だ

はじめに

「高性能なエコハウス」のススメ
大事なものは目に見えない

三浦祐成

見えにくいけれど大事なものがあります。たとえば「家族時間」。週末行くところがなくて、ドライブがてらショッピングモールに行ってしまう、そんな家族が増えていて「イオニスト」と呼ばれているそうです。モールには何でもあるように見える。でも、本当に欲しいもの、食べたいものはそこにあるでしょうか。

休日はもっと家にいたくなり、平日はちょっと早く帰りたくなる。ちょっと手間をかけてごはんをつくってみんなで食べる。ストーブの炎を囲んで思い思いにくつろぐ。そんな家があったらいいと思いませんか?

断熱・気密性能を高め、太陽・風の力を上手に生かす設計とすることで、全体が快適で居心地のいい、楽しい家になります。ちょっと豊かな家族時間、そして家で過ごした家族の記憶—思い出を手に入れることができます。モールにお金を使っても、得られるのはちょっとの「らく」だけ。きっと思い出にも残りません。

断熱・気密性能を高め、太陽・風の力を上手に生かす家づくりを、本書では「高性能なエコハウス」と呼んでいます。家全体が快適になるだけでなく、健康・美容にも効果的で、燃費がよくなって光熱費とCO_2を減らすことができます。断熱・気密性能、太陽・風の力といった目に見えないものを一番に考えることで、こうした見えにくいけれど大事なものが手に入るのです。

キッチンや収納といった目に見えるものよりも、見えないものを大事にする。本書はそんな家づくりの優先順位と「高性能なエコハウス」を提案する「あたらしい家づくりの教科書」です。

さて、どっちを選びますか？

「高性能なエコハウス」。太陽と風に素直に、土地に合わせてオーダーメイド。熱が逃げない、入らないように、ぐるっと家を厚めに断熱。窓はアルミじゃなくって樹脂のサッシに2-3重ガラスのもの。少しの冷暖房で、夏も冬も健康に快適に過ごせる家。

「高性能じゃないエコハウス」。素材はエコだけどエネルギーをたくさん使わないと適温にならない家。もう一つは、壁が薄かったり窓がアルミサッシだったりで、たくさん自家発電して、たくさんエネルギーも使う、効率が悪い家。

「高性能なエコハウス」をオススメします。

あなたは巻頭写真のどこに注目しましたか？この本を読み終わった後、ぜひまた写真を見返してみてください。きっとこのように、家の各部の温度が気になっているかもしれません。

「高性能なエコハウス」に絶対欠かせない2つのものと手に入れられるメリット

まず、本書が提案する「高性能なエコハウス」に絶対欠かせないものを紹介します。1つは[高断熱・高気密]です。建物を断熱材で包んで断熱性を高め、隙間をふさいで気密性を高めます。断熱・気密性能が高いほど熱の移動が少なくなり、以下のメリットが大きくなります。

もう1つの絶対欠かせないものは、樹脂窓などの[高性能窓]です。太陽の光や熱、風、景色といった豊かなものを採り入れ、暑さ・寒さや結露、騒音など嫌なものを軽減、1年を通じて快適・省エネに貢献します。

次に高性能なエコハウスに住むことで手に入るメリットを紹介します。断熱・気密性を高め高性能窓を採用することで温度差の少ない[ムラのない室温]を実現し、床・壁・天井の表面温度も安定するため、冷暖房設備に依存しなくても、ずっとそこにいたくなる[快適]な環境を手に入れることができます。室温のムラはストレス、さらにはヒートショックを招きます。そもそも冷え（低温）は万病のもと。高性能な家に住んだ後に様々な症状が改善したデータも報告されています。高性能なエコハウスは住む人の[健康・長寿]に貢献するのです。家族の介護負担の軽減や、大きくは国の医療・介護費の削減にもつながります。

さらなるメリットは[燃費のよさ]。高性能化するほど暖冷房費が少なくて済む燃費のよい家になり、家計の負担を減らします。これからは家も車のように燃費で比較する時代です。また、燃費のよい家は[省エネ・省CO2]のエコハウスになり、地球と子供たちの[未来に貢献]できるのもメリットです。

あたらしい家づくりの教科書　目次

025　　　はじめに〜「高性能なエコハウス」のススメ ……　三浦祐成

CHAPTER 1

031　高性能な家づくりに大切なこと

032　　**よい家は「温熱」に優れている** ……………………　前真之
034　　建てる前のこだわり、建てた後のがっかり
036　　そもそも暑いとは？寒いとは？
038　　「快感」と「快適」はちょっと違う
040　　ニセモノ「エコハウス」にご用心
042　　温度のムラは快適環境の敵

044　　**よい家は「断熱・気密」が大事** ……………………　松尾和也
046　　断熱ってなに？
048　　気密ってなに？
050　　断熱・気密性能がよくなると冷暖房が変わる
052　　高性能な家は高い？
054　　断熱・気密をあらわす単位

056　　**よい家は「窓」が決め手** …………………………　水上修一
058　　家づくりは「窓」が大事
060　　家と健康の大敵「結露」は「窓」で退治
062　　「窓」の性能は家の性能に直結する
064　　高性能なエコハウスには「樹脂窓」
066　　日本の「窓」は変わる

068　　**よい家は「健康」をつくる** ………………………　岩前篤
070　　日常生活に潜むリスク
072　　家は外より3倍キケン
074　　低温は万病のもと
076　　住まいと美容の深い関係
078　　健康リスクとコスト

080　　**よい家は「燃費」がよい** …………………………　今泉太爾
082　　賃貸？購入？どっちがお得？
084　　普通の家と低燃費な家、どちらを買いますか？
086　　家の燃費をよくすると、将来のリスクヘッジになる
088　　「高性能なエコハウス」こそ、「地方創生」の切り札
090　　未来の住宅の形、それが「ゼロエネルギーハウス」

CHAPTER 2

093 美しく、かっこいい家をつくろう

094 家の設計で暮らしは変わる ……………………… 竹内昌義
096 久木の家
102 HOUSE M

110 高性能で美しい家を手に入れよう ……………… 伊礼智
112 くらしこの家
118 つむぐいえ

CHAPTER 3

127 みんなが幸せになる家をつくろう

128 太陽と風に素直な家 ……………………………… 森みわ
130 前沢パッシブハウス
138 家づくりは地球の裏側とつながっている！？
140 これからのエネルギー、これからの冷暖房と給湯

COLUMN

142 「高性能なエコハウス」を手に入れたくなったら… 三浦祐成
143 見てみよう、測ってみよう、家の温度
144 「高性能」ってどれくらい？
146 「高性能なエコハウス」は誰に頼んだらいいのか
148 もっと知りたい オススメ図書

150 おわりに
151 参考文献

MEMO …………………………………………… 伊藤菜衣子

092 これからのエネルギーとぴったりな家を考える
126 夏の太陽と上手に付き合おう

CHAPTER

1

高性能な家づくりに
大切なこと

一生で一番高い買い物をするのに「見た目」だけで決めていませんか？
家族の健康や夏涼しく冬暖かい快適な暮らしのためには、
実は「見えないこと」が大事なのです。
夏も冬も、エネルギー少しで快適に暮らせる家は、
家族の健康も、あなたの地元も、あなたの未来のお財布も守ってくれる──。
快適な住まいはどんなメリットがあるのか、どうやってつくるのか。
家づくりの最前線で活躍する5人のエキスパートがやさしく紐解きます。

高性能な家づくりに
大切なこと

よい家は

温熱

に優れている

前真之
Masayuki Mae

東京大学大学院　工学系研究科建築学専攻　准教授　博士（工学）
1998年東京大学工学部建築学科卒業。2004年建築研究所などを経て東京大学大学院工学系研究科寄付講座客員助教授。2008年から現職。空調・通風・給湯・自然光利用など幅広く研究テーマとし、真のエコハウスの姿を追い求めている。主な著書に『エコハウスのウソ』（日経BP社）、『90分で分かる！本当のエコハウス』（日経アーキテクチュアDVD講義シリーズ）他。1975年 広島県生まれ。

「暑い・寒いのカラクリを見てみましょう」

住まいのガッカリ度ナンバーワンは、温熱環境。つまり、暑さ・寒さに関すること。残念ながら日本では、家づくりのプロでさえ誤った対策をすることが多いのです。でもご安心を。わたしたちの体のしくみを紐解けば意外と簡単。「温熱」を制すれば家づくりを制す。あたらしい家づくりの授業、まずはここからはじめましょう。

TOPICS
- 建てる前のこだわり、建てた後のがっかり
- そもそも暑いとは？ 寒いとは？
- 「快感」と「快適」はちょっと違う
- ニセモノ「エコハウス」にご用心
- 温度のムラは快適環境の敵

建てる前のこだわり、建てた後のがっかり

あたらしい家づくりのヒントはここにある

新しい家を買うとき、建てるときは、いろいろなことを考えます。敷地の場所や建物の広さ、そしてお金のやり繰りで頭がいっぱいになってしまいますが、せっかくの新しい住まい。家そのものにも満足できるように、しっかり考えておきたいところです。筆者の研究室で、関東近郊で2009～2014年度の間に新しく家を購入した人を対象に、アンケートをとってみました（図01）。その結果から、家を買った人は、家のどんなところに満足と不満を感じているのかを見てみましょう。

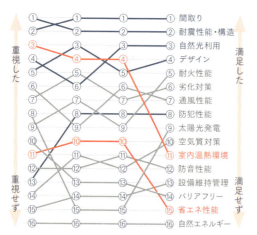

図01 新築設計プロセスでの重視度と居住後の満足度

間取り？自然光？デザイン？耐震？目に見えることは建てたあとも満足度が高い

新しい家を建てるプロセスの中で、
Ⓐ 家族ではじめに大事だと思ったこと
Ⓑ 設計者から勧められた項目
Ⓒ 話し合って大事にした項目
Ⓓ 住んだ後の満足度
について、家そのものにかかわる16項目を、重視度や満足度にしたがって順序をつけてみました。

たとえば「間取り」は、Ⓐ2位、Ⓑ1位、Ⓒ1位と非常にこだわり、Ⓓの満足度も1位となっています。他にも「耐震性能」「自然光」「デザイン」などは、いずれもこだわって満足しています。「目に見える」項目についてははじめからこだわっていて、住んだ後も満足しているのです。

目に見えないから、後回し？「室内温熱環境」は期待とは裏腹な結果になりがち

気を付けないといけないのは、満足できていない項目です。「室内温熱環境」については、Ⓐ3位、Ⓑ4位、Ⓒ4位とそれなりにこだわっているのですが、Ⓓの最終的な満足度は11位とかなり落ち込んでいることが分かります。

室内温熱環境：
暑さ・寒さは、代謝量、着衣量、室温、表面温度、気流、湿度の6要素のバランスによって決まる。室温が高くても表面温度が低ければ寒く感じる。快適な温熱環境では6要素がうまくバランスされ、暑さも寒さも感じない。

また「省エネ性能」は、Ⓐ11位、Ⓑ10位、Ⓒ10位と計画時の重視度が低く、Ⓓの満足度も15位とかなり低くなっています。

快適で省エネな家は注文しても手に入らない！？
設計者や工務店選びがとっても大事

　残念ながら、新しい家に引っ越したからといって、室内温熱環境や省エネ性能への満足度は必ずしも高くないようです。なぜ、これらへの満足度は低いのでしょう。

　暖かい家・涼しい家は、建物そのものをしっかりつくらなければなりません。壁や屋根・床から熱や空気が漏れないよう、断熱・気密をしっかりとる必要があります。

　建物から熱や空気がスカスカ漏れているまま、エアコンなどで暖房・冷房をどんどんすれば、どんどん電気代がかかってしまうわりに、快適な温熱環境はできません。

　設計者が建物の外皮の性能が高くなるようにしっかり設計し、そして大工さんがちゃんと性能が出るように丁寧に施工する必要があります。

　残念ながら、すべての設計者や施工者がちゃんとした設計・施工ができていないのが現実です。プロにただ言うだけでは不十分。ちょっと勉強して、確実に快適で省エネな家を手に入れたいものです。

今の家がそんなに不満じゃない人、要注意
省エネな家、技術はどんどん進化中

　今の家がそんなに寒くない。実はそんな人が一番注意が必要です。

　今の家がとても暖かい人は「次も暖かく」と答えます（図02右上）。

　今の家がとても寒ければ「次こそは絶対に暖かく」と意識するのです（図02左上）。

　ところが、今の家であまり寒さを意識していない人は、設計プロセスの時もついついモチベーションが低くなりがちです。

　建物そのものをよくする技術は、ここ数年急激に進化しています。最新の技術を活かしてきちんと設計・施工すれば、快適性や省エネ性能を大幅に改善することが可能です。「今の家でもそんなに気にならないから…」とスルーせず、しっかり意識して、後悔することのない省エネで暖かい家を手に入れましょう。

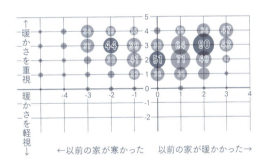

図02　昔の家が中途半端な人ほどご用心

断熱・気密：
断熱とは建物の内外に熱が伝わりにくくすること。気密とは空気が出入りしないように建物の隙間をなくし密閉すること。Q値・UA値が低いほど断熱性能は高く、C値が低いほど気密性能は高い。

外皮性能：
外皮とは外壁・床・天井・屋根・窓・ドアなど建物が外と接する境界のこと。外皮性能はそれらの断熱性能のことで、Q値やUA値で表される。2020年以降、外皮性能基準への適合が義務化の予定。

そもそも暑いとは？ 寒いとは？

快適な暮らしのために
暑さと寒さのしくみを知ろう

快適な熱環境の家、夏も冬も気持ちよく暮らせる家を手に入れるにはどうしたらよいのでしょうか。そもそも、快適な熱環境とはなんでしょうか？

夏は体温が逃げにくいから暑く感じる。
冬は体温が逃げすぎて寒く感じる

四季の変化がハッキリしている日本では、夏は暑く、冬は寒くなります。なので、「夏は冷房で体を冷やす」「冬は暖房で体を温める」と理解されても不思議ではありません。

しかし人間は恒温動物なので、夏でも冬でも体の中のコア体温はほとんど変わらないのです。

一方で、活動量に応じて代謝熱が発生します。全く体を動かさなくても、基礎代謝としてある程度の熱を放出します。この熱を速やかに逃がす必要がありますが、夏は周りが暑いので熱を逃がしにくく、冬は周りが冷たいので熱が逃げすぎる。そこで夏は皮膚の表面温度を上昇させたり汗をかいて放熱量を増やし、冬は皮膚の表面温度を下げて放熱量を減らすよう、体が努力します。こうした体温の変化を体のセンサーが感じることで、「暑い」「寒い」という感覚が生み出されます。

人はどこから熱を逃がすのか？

人体が周辺の環境に熱を放出するときには、5つのルートがあります。息を吐いたり、汗をかくことによる「湿った放熱」の2ルートは、外での運動中はともかくとして、家の中ではごくわずかです。また足裏などから床に熱が伝わる「伝導」ルートも、全体にしめる割合はとても小さいのです。

家の中で重要なのは、「対流」と「放射」の2ルートです。「対流」ルートとは周りの空気に熱が伝わることで、これはとても分かりやすい。周りの空気温度を調整してあげれば、すぐに放熱量が変化します。

要注意なのは「放射」ルートです。これは目に見えない「電磁波」によるやりとりです。太陽の光は目に見える電磁波「可視光線」と目に見えない電磁波「赤外線」が中心です。でも実は、太陽に限らずあらゆる物体は、温度に応じて「遠赤外線」という目に見えない種類の電磁波を照射しているのです。

人体も当然、遠赤外線を出しています。そして周りの床・壁・天井・窓も遠赤外線を出しています。目には見えなくても、部屋の中には遠赤外線が飛び交って熱を温度の高い方から低い方へ移動させているのです。

恒温動物：
周囲の温度に応じて体温が変わる動物を変温動物というのに対し、周囲の温度によらず体温をほぼ一定に維持できる動物を恒温動物という。哺乳類・鳥類がこれに属する。

代謝熱：
体温維持のために体内で生み出される熱のこと。人間は安静時でも100W電球1個分の熱量を発生している。

人間の熱をどういう環境でどれくらい捨てるかのバランスで「暑い」「寒い」が決まる

人間の熱バランス＝「暑い」「快適」「寒い」は、人体側の2要素と、環境側の4要素で決まります。人体側は代謝量と着衣量、周辺環境側は空気温度・平均放射温度・湿度・気流が影響します。室内で重要な放熱2ルートのうち、対流ルートには「空気温度」「気流」、放射ルートには「平均放射温度」が大きく影響します。このように、放熱量の調整には、空気だけでなく、人の周りを包んでいるもの全てが影響しているのです。

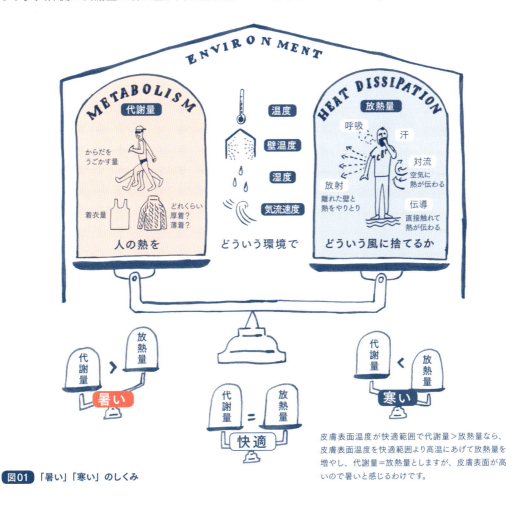

図01 「暑い」「寒い」のしくみ

皮膚表面温度が快適範囲で代謝量＞放熱量なら、皮膚表面温度を快適範囲より高温にあげて放熱量を増やし、代謝量＝放熱量としますが、皮膚表面が高いので暑いと感じるわけです。

電磁波（遠赤外線）：
あらゆる物体はその種類と表面温度に応じた電磁波を放射して熱を運んでいる。遮る物体がない限り、物体同士が離れていても温度の高い方から低い方へと熱が移動する。

平均放射温度：
床・壁・天井・窓など周囲の表面温度（放射温度）を合計面積で平均した温度のこと。

「快感」と「快適」はちょっと違う

「快感」は長続きしない

夏でも冬でも、体が適温の範囲でちょうどよく放熱をできる、それが質の高い快適な温熱環境です。それでは、快適な空間とは「夏涼しく」「冬暖かい」ということなのでしょうか。実はちょっと違います。「涼しい」「暖かい」という感覚は、快感に近いものです。

快感は変化によってもたらされます。暑い屋外から冷房の効いた空間に入ると「涼しい」、寒い空間で薪ストーブの前に座ると「暖かい」と感じます。いずれも快感の一種です。

残念ながら、快感は長続きしません。冷房の効いた空間に長くいればやがて寒く感じはじめますし、ストーブの前に座り続ければやがて暑く感じはじめます。このように快感は長続きせず、やがて不快になってきます。

極度の「快感」追求は体に悪い

熱的に極端な冷却・加熱の環境へ急に身が晒されると、人間の体は熱バランスを保とうとして必死になります。それは体表面やコアの体温や血圧の急変動を招き、体に大きなストレスをかけることになります。北欧ではサウナと極寒の屋外とを交互に行き来する、まさに快感のあくなき追求ともいえる習慣があるようですが、心臓発作などの被害も随分多いようです。

「快感」はエネルギー効率もよくない

変化のギャップが大きいとエネルギー面の無駄が大きくなります。暑い時に冷たい熱、寒い時に熱い熱を生み出すことにはムリがあり、余計な電気を使ってしまいます。

快感は変化のギャップが大きいほど大きくなります。ギャンブルにおける最高の快感は、破産寸前からの一発大逆転だ、と聞いたことがあります。ギャンブラーは最高の快感を求め続け、やがては本当に破産してしまうそうです。熱環境も同じで、快感を無闇に追求することはリスクが大きいのです。

「快適」はずっと居たい場所。
住まいは「快適」であれ

快適は、快感とは違います。快適な空間では、体は最小限のストレスで放熱量を維持でき、体の各部位が適温に保たれます。暑さ・寒さといった感覚も生じることなく、体も心もリラックスしたまま、ずっと長く居続けることができるのです。

大切なのは家族が織りなす生活そのものであり、家はその舞台です。家族が安心して気持よく生活できる舞台に求められる要件の一つが、快適な熱環境だということができます。

心臓発作などの被害：
家の中の急激な温度差が身体へもたらす悪影響のこと。血圧の大きな変動で心筋梗塞や脳梗塞などを引き起こす。「ヒートショック」と呼ぶ。

暖かい家で大事なのは
暖房機器よりも建物の断熱性！

いずれの暖房方式でも、住宅の断熱性能が悪い場合には放射環境が低温なため、高温の暖房が必要になり、エネルギー消費が増大し快適性も低くなります。特に、窓の影響が大きいことは明らかです。暖かい生活をするためには、暖房設備そのものにこだわるよりも、まずは窓を中心とした建物断熱性をしっかり強化すべきであることが分かります（図01）。

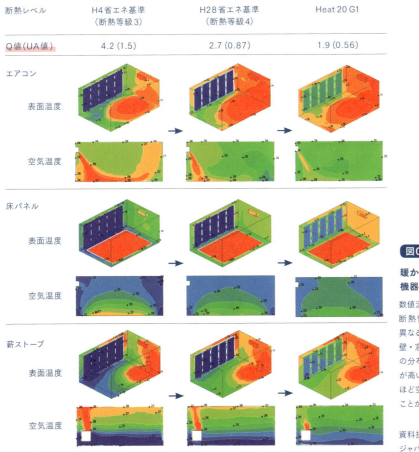

図01

暖かい家で大事なのは暖房機器よりも建物の断熱性！

数値流体計算（CFD）を用いて、断熱性能を変化させた場合の異なる暖房方式での空気温度と壁・窓の表面温度（放射温度）の分布を示したもの。断熱性能が高い（＝Q値・UA値が小さい）ほど空気温度・表面温度も高いことが分かる。

資料提供：清野新（現アラップジャパン　前真之研究室OB）

Q値・UA値：
Q値とUA値は共に熱の逃げやすさの指標で、値が小さいほど高断熱になる。

ニセモノ「エコハウス」にご用心

住宅のパンフレットを見ていると、様々な機能やオプションが目につき、あれもこれもと焦ってしまうかもしれません。しかし、性能や価値は、機能とはちょっと違うものです。

ゼロ・エネルギー住宅は最高の家？

最近、経産省が推進するゼロ・エネルギー住宅（ZEH：ゼッチと呼ばれています。ここでは「経産省ZEH」と表現）が話題です。エアコンや給湯機が消費するエネルギーの量をできるだけ減らし、それでも必要なエネルギーを太陽光発電でまかなう、という住宅です。

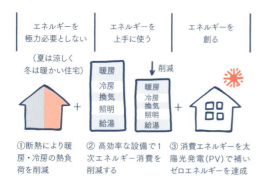

図01　ゼロ・エネルギー住宅（ZEH）のイメージ

ZEHという未来的な言葉のせいか、この経産省ZEHは非常に高性能な住宅である、という認識が広がっています。もちろん普通の家にくらべれば、エネルギー的に優れた住宅であることは間違いありません。

快適なゼロ・エネルギー住宅、不快なゼロ・エネルギー住宅を見極めよう

しかし、この経産省ZEHが求める住宅の基本性能は必ずしも高くありません。エネルギー消費量を減らすには、建物の断熱・気密性能を高めるよりも、エアコンや給湯機をエネルギー効率の高い機種にする方が簡単で、こちらでもいいことにしているからです。

しかし先程から述べているように、日々の生活を快適・健康に過ごすためには、建物の外皮をしっかりつくることが不可欠です。断熱・気密性能を高めて熱と空気の流れをしっかりコントロールできないと、我々を包み込む温熱環境は改善されません。

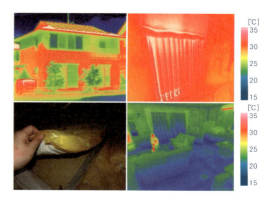

図02　赤外線カメラなら温熱環境が見える

ZEH（ゼッチ）：
Net Zero Energy House（ネット・ゼロ・エネルギー・ハウス）の略。外皮性能や省エネ性能を上げて、足りない分を太陽光発電などでまかない、年間のエネルギー消費量を正味で概ねゼロ以下とする住宅。

家自体が高性能な家。
設備だけが高性能な家。
室温が同じでも快適さは雲泥の差

断熱・気密性能が低いと壁や窓の温度が低くなります。でもエアコンで暖房・冷房をすればいいじゃない…と思うかもしれません。

前述の通り、人間は対流（→周りの空気）と放射（→回りの物体）によって熱を放出しています。夏でも冬でも、対流と放射によって適度に体から熱を放出できる空間が快適な温熱環境です。

断熱・気密性能が足りないということは、冬は室内の温度が低い、夏は高い、ということになり、放射による放熱量が冬には過大、夏には過少ということになります。

これを対流で補おうとすると、冬は高温の空気・夏は低温の空気が必要になります。悪いことに、高温の空気は軽く上に浮き上がり、低温の空気は重く下に溜まります。つまり、冬は頭だけが暑く、夏は足元だけが寒くなってしまうのです。

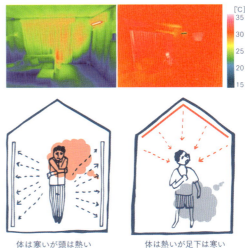

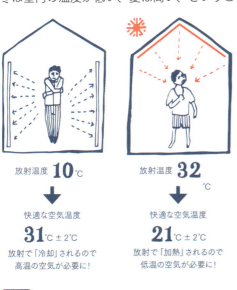

図03 壁や窓の断熱性能が足りないと・・・
表面温度が冬には低く、夏には高くなります。放射による悪影響を補うためには、冬は高温・夏は低温の空気が必要になってしまいます。

図04 放射環境の悪さを空気だけで解決しようとすると・・・
高温の空気は軽く上部に浮き上がってしまうために、頭だけ熱くなり乾燥感もひどくなります（左）。冷たい空気は重いので下に溜まり、足元だけを冷やしてしまいます（右）。

冬も夏も快適に過ごせない…最大の理由は建物の断熱性能不足なのです。建物の断熱性能がしっかりしていなければ、暖冷房設備でごまかそうとしてもどうにもなりません。まさに断熱性能は最も基礎的で不可欠な「足腰」の性能といえるでしょう。

温度のムラは快適環境の敵

「体も心もリラックスできる」快適な環境とは、体全体からムリなく放熱できる空間だということが分かりました。さらにもう一つ、快適な温熱環境の条件として、「温度のムラが小さい」ことが求められます。

温度のムラの許容範囲は？

実際の建築空間において、空気や放射の温度は均一ではありません。足元周りの温度が低かったり、気流があったり、床が冷たかったり…。こうした「温度ムラ」があると、体全体の熱バランスが取れていたとしても、人間は不快に感じてしまうのです。

（図01）に、アメリカ空調学会の目安を示しました。上下温度差・コールドドラフト・床温度の範囲の目安が示されています。グラフ縦軸の数字が大きくなるほど、不快に感じる人が多いということです。

頭と足元の温度差が大きくなるほど（①）、コールドドラフトなどで気流のスピードが早くなるほど（②）、不快に感じられることは容易に理解できます。床温度も冷たすぎず熱すぎず、という快適な範囲があることも自然なことです（③）。

「熱い天井」「冷たい壁」は不快の元

アメリカ空調学会ではさらに、放射温度のムラ、つまり周辺物の温度のアンバランスが大きくなると、不快に感じる人が多くなることも示しています（④）。特に、「熱い天井」があると急激に不快者率が上昇します。熱くなった天井から放出される大量の遠赤外線が頭をあぶる。快適さの代名詞「頭寒足熱」の真

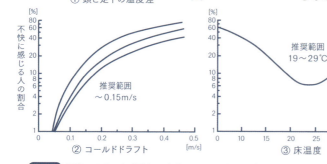
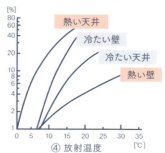

図01 温度のムラにもご用心　出典：アメリカ空調学会

コールドドラフト現象：
窓辺や壁で冷やされた空気が対流により床へと流れ、気流と温度ムラが発生して不快感を生じる現象。

逆ですから、不快なのは当然でしょう。

　他に不快なものとしては、「冷たい壁」があります。壁の中でも熱的に弱くなりがちなのは「窓」です。冬場に冷たいガラス面の近くにいると、対峙する側の体の面が冷たく感じられたり強張ったりした経験はないでしょうか。人体から放出される遠赤外線が低温のガラス面にどんどん吸収されてしまうため、体の熱が急激に奪われてしまうのです。

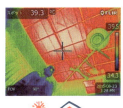

図02 「熱い天井」と「冷たい壁・窓」は不快の元！

究極の温熱環境は「不感」である

　それでは、断熱性が優れた家の温熱環境はどうなるのでしょう。（図03）に、断熱がよい家で冬に暖房・夏に冷房をした場合を示しました。実は建物の性能がよくなると、暖房しても冷房しても同じような温度分布になるのです。人間は冬も夏も同じように適度に熱を捨てないといけない生き物なのですから、考えてみれば当たり前です。

　こうした高断熱の家では壁や窓の温度が適温なので、放射による熱ロスが適度に保たれています。よって対流で無理に補う必要がないため、熱い空気も冷たい空気も必要ないのです。

　こうした高断熱住宅が実現する温熱環境にいると、「暖かい」も「涼しい」も感じることがなくなります。体も心もリラックスしたまま、ずっと居続けたいと感じる空間になるのです。毎日いても飽きることのない、さながら毎日食べているおコメのようなものともいえるでしょうか。

　家族がリラックスでき体を健康に保て、ずっと居続けることができる空間。これが最上の温熱環境です。暖冷房設備の力だけでは実現することはできません。ぜひ断熱性能にこだわって、最上の快適空間を手に入れましょう。

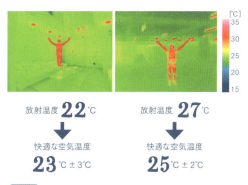

放射温度 **22**℃ → 快適な空気温度 **23**℃±3℃

放射温度 **27**℃ → 快適な空気温度 **25**℃±2℃

図03 高断熱の家では熱い空気も冷たい空気も必要なし！

北海道と東京の高性能住宅の遠赤外線画像です。着衣の差を除いて、冬（左）も夏（右）もほとんど変わらないことが分かります。究極の温熱環境は、実は冬夏共通なのです。

高断熱の家の壁や窓の温度は適温：
外皮の断熱・気密性能の高い家では、室温も周囲の表面温度も人間に快適な温度で安定する。

高性能な家づくりに
大切なこと

よい家は

断熱・気密

が大事

松尾和也
Kazuya Matsuo

有限会社松尾設計室　代表取締役
パッシブハウス・ジャパン　理事
1998年 九州大学工学部建築学科卒業(熱環境工学専攻)。一級建築士として設計活動の他、「日経アーキテクチュア」「日経ホームビルダー」「建築知識」「建築技術」「新建ハウジング」等の専門誌の執筆活動や「断熱」「省エネ」に関する講演を行っており、受講した設計事務所、工務店は延べ5000社を超える。1975年 兵庫県生まれ。

> ズバリ、日本は断熱・気密の後進国

高断熱は夏暑い、高気密は息苦しい──。そんな話はすべて誤解です。1年のうちエアコンいらずストーブいらずの気持ちのよい日はわずか40日ほどと言われます。ですが、高断熱・高気密はその日数を劇的に増やすことができるのです。どんな高価なエアコンやストーブより、高断熱・高気密化こそが快適な住まいへの近道です。

TOPICS
- 断熱ってなに？
- 気密ってなに？
- 断熱・気密性能がよくなると、冷暖房が変わる
- 高性能な家は高い？
- 断熱・気密をあらわす単位

断熱ってなに？

断熱って衣服みたいなもの。
あなたの家は「厚着してますか？」
「どんな素材ですか？」

断熱は服に例えるとわかりやすくなります。端的に言うと「どれだけ厚着しているか？」ということ。服の厚さが断熱材の厚さに相当します。また同じ厚さでも服の中に入っているのが綿なのかダウンなのかによって暖かさが違うのは誰でも知っていることです。この同じ厚さにおける素材の違いによる暖かさの違いは「熱伝導率」というもので表されます。

ここまでの話で「暖かさというのは厚さだけで決まるものでも素材だけで決まるものでもない。厚さと素材の両方で決まるものだ」ということがご理解いただけるかと思います。

ダウンジャケットに半ズボン…
そんな家になってませんか？

それともう一つ重要なことがあります。これも服に例えて考えてみましょう。頭、耳、上半身、手のひら、下半身、足元…といったそれぞれの部位に最適な服の「厚さと素材」が必要なの

は当然のことですね。実際のところ、上半身はダウンジャケットで下半身は半ズボン…そんな不自然な服の選び方をする人はまずいません。

住宅にあてはめて考えると、窓、外壁、換気、屋根、床のそれぞれの部位において理想的な厚さと素材の断熱材が必要です。それと同時にそれぞれの部位のバランスも取れていないと「お金はかけているのに暖かくない」ということになります。

日本は断熱後進国。
プロに任せればいい環境が
必ず手に入るものではない

衣服で考えればこれほどあたりまえのことを、実は大半の設計者が理解できていないという現実があります。服の場合、個人個人が毎日着替えることによって実験を積み重ねています。また、寒がりの人は一般的な人よりもしっかりと防寒対策をしているものです。ところが、住宅の場合、一度つくってしまうと「着替える」ということができないため、設計者も「どの服を着たらどのくらい暖かいのか（寒いのか）」＝「どの程度断熱すれば暖かいのか」ということがはっきりとつかめていない。これが実態です。

また、「自分の暖かさの感覚は万人に共通する」「今まで建ててきた住宅の暖かさが当

熱伝導率：
熱の伝えやすさを表した値。物質によって異なり、値が小さいほど熱を伝えにくい。

たり前」という意味のない思い込みが強烈に染み付いているのも大問題です。

日本の家は恥ずかしい？
冬に半袖短パンみたいな家

大半の日本の住宅は冬に半袖短パンで過ごしているようなレベルです。ようやく「俺はこれで我慢できます」「子どもは風の子だから、こうやって過ごすのが当たり前だし、健康にもいいんです」みたいなことが言いにくい状況になってきましたが、心の奥底では今もそう思っている設計者が多いのも事実です。

一方で世界の先進国では最低室温規程というのが法律や条例で定められています（18℃〜21℃くらいに設定されていることが多い）。またかなり厳しい断熱基準が義務化されていたりします。

日本の住宅の快適さは
法律で守られていない

諸外国では法律や条例のおかげで、特に住まい手が勉強しなくても暖かい住宅に住まうことができます。しかし、日本においては2020年までは省エネの最低基準も、また最低室温規程も存在しませんので、よほど勉強した方しか本当に暖かい住宅を建てることは極めて難しいのです。自分にとっての着衣量（断熱性能）が足りないとカイロ（暖房費用）を大量に消費するしかないので、非常に多くの維持費がかかるうえ、快適性も大きく劣ります。自分が快適な温度を自分のお財布の状況で維持できる住宅を建てるために必要な断熱性能（着衣量）を見極めることができる設計者を探し当てる。これがお施主様にとって一番大きな課題だと思います。

図01 省エネ基準ごとの家の数の割合
約40％が昭和55年以前の基準で建てられた無断熱な家
出典元：国土交通省

H11基準 5%
H4基準 19%
無断熱 39%
S55基準 37%

図02 日本の家は半袖短パンなのに使い捨てカイロを貼りまくっている！

省エネ基準義務化：
世界的に新築住宅の断熱（省エネ）基準は義務化されているが、日本では2020年から省エネ基準への適合が義務化予定。2016年現在は努力基準でしかない。

気密ってなに？

気密はダウンジャケットの
ファスナーとダウンを覆う
ナイロン生地みたいなもの

気密を身近なものでわかりやすく例えるなら、ダウンジャケットのナイロン生地とファスナーです。首、手首の締まり具合を調節することで、隙間から暖かい空気を逃げにくくするのがファスナー。もう一つは、ダウンの内側と外側を覆うきっちりとしたビニールのような素材の生地。たとえ素材と厚さがしっかりしているダウンを使っていても、そもそもダウンだけでは、風が面を通り抜けてスースーして全然暖かくありません。このように暖かい空気が面を通り抜けにくくすることも気密の役割です。住宅の場合は、気密シートやテープなどを使います。

暖かい空気は上から逃げていき、
冷たい空気がどんどん床からやってくる

頭は暑いのに、足元は寒い。この現象も気密が大いに関係しています。暖気が上に逃げていくことは皆さんもご存知だと思います。暖気が抜けるだけでは空気はどんどんなくなり真空に近くなってしまいます。しかし、そんなことは起こりません。なぜなら上から抜けた暖気の分だけ、下から冷気を引き込んでくるからです。足元が寒いからといって暖房を強くすればするほど足元にはより多くの冷気が引き込まれる…こんな悪循環がおこってしまいます。

図01 性能の低い家は熱気球のよう

ダウンジャケットを着た
冬向けの家で夏は暑いの？

いいえ、これは誤解です。とはいえここまでダウンジャケットで説明してきたので、そろそろこんな疑問が浮かんでいるでしょう。ダウンジャケットの場合、体に密着しているので夏もそのままだと当然暑くなってしまいます。しかしながら、住宅の断熱材（外壁や屋根の中に入っています）と体の間にはかなりの隙間があります。これが夏暑くならないどころか涼しくなるポイントになります。

高断熱＆高気密は、
お日様をカットできれば涼しい家

また、高断熱の住宅が夏涼しくなるためには、庇などで日射遮蔽がきちんとできている

日射遮蔽：
窓から侵入する日差しを遮ること。日射が窓を透過すると室内の壁・床の表面温度や室温が上昇するので、夏場はいかに外で日射を防ぐかが重要。逆に冬場はいかに採り入れるか（日射取得）が重要。

ことが重要です。これができている高断熱住宅は本当に涼しく快適です。逆に、日射遮蔽ができていないと熱がこもってしまい、暑い住宅になってしまいます。

図02 庇の役割

　これを一番イメージしやすいのが洞窟です。夏の洞窟は奥に行くほど（＝断熱性能が高くなるほど）涼しくなります。これは奥に行くほど断熱性能が高くなるにも関わらず、内部に発熱するものがないからです。一方、地下鉄は地下の洞窟とも言えるものなのに、あまり涼しくありません。それは地下鉄自身、照明器具、たくさんの人が、大きな熱を発しているからです。

　地下の土の温度も地下7mを超えたあたりから年中一定で、その地域の平均気温になります。石灰岩や土は、一般的な断熱材のグラスウールと比べて1/30くらいの断熱性能があるので、約23cmの断熱をすると、同程度の断熱性となります。

気密性が低いと、換気の効果もない!?

　もう一つ重要なポイントを加えておきます。今の新築住宅には24時間換気が義務化されています。理論的には排気用のファンを回せば、各部屋の自然給気口から新鮮な空気が入ってくるはずですが、気密性能が悪い家だと、掃除機やストローの管の途中に穴が空いていたらちゃんと吸えないのと同じで、空気が流れてはくれません。実際には、C値が2より大きい住宅では換気は想定どおりには働いていません。想定通りに換気システムを稼働させたいのであれば、C値は1以下を目指したいところです。

図03 東京の月別の地上・地下の温度変化
出典：パッシブハウス・ジャパン

23cmの断熱：
洞窟では熱源が限りなくゼロに近いが、住宅は人や家電などが熱を発するため、厳密には23cmの断熱だけでは、洞窟のような涼しさにはならない。

24時間換気システム（機械設備換気）：
主にシックハウス対策として、屋内の空気を強制的に入れ替える換気システムの設置が建築基準法で定められている。

C値：
相当隙間面積。延床面積あたりの隙間量（cm²/m²）のこと（55ページにて詳しく説明）。

049

断熱・気密性能がよくなると冷暖房が変わる

まずは太陽の熱を直接取り入れよう

冷暖房器具を検討する前に、まず設計でできることがあります。太陽と風に素直なパッシブデザインをしましょう。特に、夏と冬の太陽の角度の違いを計算し、冬だけ太陽が家を直接温める工夫が重要です。

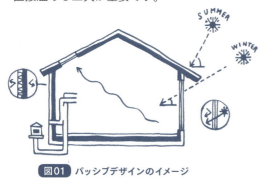

図01 パッシブデザインのイメージ

暖房器具は世界一の品揃え！？

暖房器具は本当に多種多様なものがあります。日本はおそらく世界一の品揃えではないかと思います。その理由は「それなりに寒い国なのに全館暖房が普及しておらず、単体の暖房器具でごまかそうとしているから」だと思います。これまで、暖房に頼らなければ到底快適を得られない家だったから、日本の暖房器具の性能はどんどん進化したという側面もあります。ドイツの専門家たちからは、日本のエアコンの性能が高いので、計算間違いではないか？と確認が入るほどです。

1台で夏、冬、梅雨対応。家の性能の条件が整えば、エアコンが最強！？

気密性能が上がると、これまでは暖房器具としては頼りなかったエアコンが、1軒家や寒冷地でも、メインの暖房として使えるようになります。空気自体を温めたり冷やしたりする機器なので気密性能が悪い住宅では効きが非常に悪く、頭だけ熱くなってぼーっとしたり、乾燥がひどいため、苦手な人も多かったのではないでしょうか。暖房をすべてエアコンで賄うと聞くと、拒絶反応を起こす方も少なくありません。でも、それは家自体の性能が悪かったことがほとんどの原因です。

1台で夏、冬、梅雨期の全てに対応できるエアコンは、光熱費、イニシャルコスト両面において非常に優れた冷暖房機器です。

灯油なら煙突付きのFF式ファンヒーター。灯油の床暖房もオススメ

もう一つおすすめなのが、煙突付きのFF式と呼ばれる灯油ファンヒーターです。東北以北では灯油ファンヒーターといえばこれを指します。また、灯油で作った温水を床暖房として使う、もしくは温水パネルに回すという方法もよいと思います。

パッシブデザイン：
機械や設備ではなく、建築的に自然エネルギーをコントロールして、温熱環境を整えようとする設計手法。

全館暖房：
建物の一か所に設けた熱源から蒸気や温水を各部屋に送って暖房する方式で、欧米では一般的。セントラルヒーティングとも。

煙突なしの灯油ファンヒーターは危険

灯油を選択する場合、注意が必要です。一般的に関東以西で使われている煙突のないファンヒーターは絶対に使うべきではありません。あれは焚き火を室内でやっているのと同じこと。燃焼後の排気ガスを室内にそのまま放出するというありえない仕組みだからです。だから本体上部には「30分に一度は必ず換気して下さい！！」というシールが貼られていますが、そんなことをしていたら、いつまでたっても部屋は温まりません。特に、気密性能が高い家では、一酸化炭素中毒の危険性が格段に上がりますから、絶対に使ってはダメです。

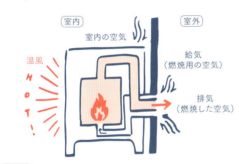

図02　FF式ストーブの燃焼イメージ

普及している燃料は電気、都市ガス、プロパンガス、灯油の4択。お得なのは？

暖房の燃料は電気、都市ガス、プロパンガス、灯油の4つに集約されます。冷房に関してはエアコンも扇風機も電気しかありませんので電気一択です。暖房に関しては同じ暖かさを得るのに必要な光熱費は（図03）のようになっていると覚えておけばいいでしょう。実際は、灯油と都市ガスの間、都市ガスとプロパンガスの間に非常に大きな価格差があるので、熱量あたりの単価で考えると暖房用の熱源はエアコンと灯油しか残りません。

図03　光熱費が一番高いのは？

憧れの薪ストーブライフは環境にやさしい。が、財布に優しいかは条件次第!?

コストの話ばかりしてきましたが、省CO2の観点で考えると薪ストーブとペレットストーブがエアコン以上に優れています。ただ現状では、イニシャルコストが高め。薪や木質ペレットは入手経路により、無料から超高価格までばらつきがあります。ヨーロッパでは木質ペレットの方が安いという事例もありますので、今後注目されるかもしれません。

FF式灯油ファンヒーター：
寒冷地では一般的なストーブで、屋外に設置した給排気筒から給排気するので室内空気を汚さない。

高性能な家は高い？

生涯で一番の買い物がフィーリング!? 失敗したら30年買い替えができないのに…

住宅はほとんどの方にとって生涯で一番高い買い物です。ということは生涯で一番下調べをすべきところですが、家電製品を買う時よりも下調べが少ないなんてことが往々にしてあります。その原因はいくつかあると思います。

- 車雑誌のように評論家が住宅を批評していることが少ない
- 車の燃費やパソコンのスペックのように比較ができる共通の指標がほとんどない

　その結果、ほとんどのお施主様は「営業マンとの相性」「工事費」「デザインのフィーリング」みたいなものだけで生涯最高額の買い物を決断してしまいます。しかも住宅購入という行為は高価なだけでなく、利用期間もおそらく全ての物の中で一番長くなります。その証拠にほとんどの方が30年程度のローンを組まれます。これは30年以上使うことを前提にしているからなのは言うまでもありません。ですので、住宅購入で失敗しても、スマホの2年、車の10年といった短期間での買い替えはできないのです。

　車に関しては皆さん計算ができます。自分の年間走行距離とガソリンの単価からどの車に乗るのが最も経済的かということはすぐにわかります。だからこそプリウスが圧倒的に売れているんだと思います。車両価格だけを見て車を選ぶのであれば、プリウスがこれほど売れる理由を説明できません。

経済的な家ってどんな家？

ではお施主様にとって本当に「経済的な家」とはどんな住宅でしょうか？私は最低でも30年以上（実際に住み続ける予定の期間が望ましい）における工事費＋光熱費のトータル費用が安くなることだと考えています。こう言うと「理想はそのとおりだけど、実際には最初に必要な金額が用意できないんです」という声を、住まい手だけでなく、実務者からもよく聞きます。しかし、この発想が実は大きな間違いなのです。ほとんどの住まい手はローンを組んで住宅を購入されます。毎月のローン返済額＋光熱費1カ月分が毎月の支払い額となります。よって、住宅ローンの返済額が高くなっても、光熱費が下がれば、毎月の支払額は変わらないのです。

投資になるコストアップと
無駄なコストアップ

イニシャルコストに関しては、有益なコストアップ（投資）と無駄なコストアップ（贅沢）の両方があります。後者は自分の趣味とか見栄にあたる項目なのでいらないと思うところはどんどん削っていけばいいでしょう。しかし前者に関しては投資なので、予算を用意できるかぎりしっかりかけたほうが総支払い額、月々のキャッシュフローの両面で得になります。具体的に投資に該当する項目は、高断熱・高気密化と太陽光発電です。

太陽光発電に関しては、簡単に言うと「利回り10％の10年定期預金にいくら預けますか？」というのとほぼイコールの設備だと思って頂ければ分かりやすいのではないでしょうか。

ということで、経済的に厳しい人ほど贅沢に厳しく、投資にしっかりと取り組む必要があります。従来は住宅の燃費表示が難しかったので、実務者ですらトータルコストを計算することができませんでした。しかし、今は優秀な実務者なら計算できる時代になりました。トータルコストが具体的に計算、提示できるかどうかは、まともな事業者かどうかを見分ける際の決め手になると思います。

図01　高性能住宅の費用イメージ

断熱・気密をあらわす単位

単位いろいろ
どんな単位があるの？

Q値とUA値は、熱の逃げる量。C値は、家の隙間の大きさ。暖房負荷・冷房負荷は、家を快適に保つために必要なエネルギーの量を表します。いずれも数値が少ないほど、熱が逃げにくく暖かい住宅になります。

	Q値	差額（30年）
40kWh/㎡ 理想的な暖房負荷	1.6	—
60kWh/㎡ なんとか実現したい水準	2.0	+ 504,000 円
95kWh/㎡ 国の基準（次世代）	2.7	+1,386,000 円

※床面積120㎡（国のモデルプランと同じ）、全館暖房、暖房器具はエアコンで実効COPは4、電気代は28円/kWhとして計算

図01 断熱性能で光熱費はどれくらい変わる？

Q値とは

熱損失係数(W/㎡・K)の略称。外壁・床・天井・屋根・窓などの面を貫通して逃げる熱と換気によって逃げる熱の合計を延床面積で割ったもの。

UA値とは

外皮平均熱貫流率(W/㎡・K)の略称。換気を含まない、外壁・床・天井・屋根・窓などの面を貫通して逃げる熱を外皮面積で割ったもの。

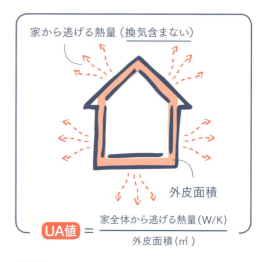

図02 Q値の算出方法

図03 UA値の算出方法

気密性能を示す単位C値とは

C値は相当隙間面積といい、延床面積あたりの隙間量（cm²/m²）を表します。例えば床面積100m²の家の場合、C値が4cm²/m²だと20cm角の穴が壁にポッカリ空いている状態です。非常に重要な指標ですが、測定が義務付けされておらず、新しい省エネ基準からはこの指標そのものが消えてしまいました。気密のページにも書きましたが、まともな事業者かどうかを見分けるために「気密測定はされていますか？」または「C値はどの程度ですか」と聞いてみることをお勧めします。気密に意識がない事業者のC値は3～4cm²/m²になっていることが多いです。最低でも2以下できれば1以下を推奨します。

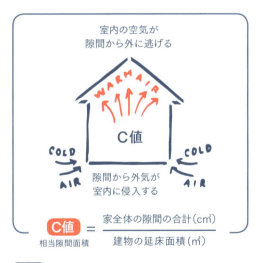

図04　C値の算出方法

年間暖房負荷、年間冷房負荷とは

断熱（Q値、UA値）性能と気密（C値）性能が同じ家でも、気象条件や冬の日射取得、夏の日射遮蔽の良し悪しによって、冬の暖かさ、夏の涼しさは異なります。実際に暮らした時の暖かさ涼しさの感覚を示す単位としてもっとも優れているのが、これらの条件を加味した年間暖房負荷／年間冷房負荷（kWh/m²・年）です。地域の気象データを元に1年のうち暖房期間5、6カ月程度の期間、家中を暖房（設定20℃）し続けるとした場合に投入しなければならない熱量を暖房負荷。冷房期間2、3カ月程度の期間、家中を冷房（設定27℃）し続けるとした場合に抜き取らなければならない熱量を冷房負荷といいます。

図05　年間暖房（冷房）負荷の算出方法

高性能な家づくりに
大切なこと

よい家は

窓

が決め手

水上 修一
Shuichi Mizukami

YKK AP（株）開発本部　商品企画部　部長
1982年東京都立大学（現：首都大学東京）工学部建築学科卒業。3年間ゼネコン勤務を経て吉田工業株式会社（現：YKK株式会社）入社。窓・サッシを中心に建材商品開発に携わる。2007年より商品企画を担当、日本での本格的な樹脂窓の普及を目指し、それまでの樹脂窓のイメージを覆した「APW330」の企画開発を推進。2013年より現職。1960年 富山県生まれ。

> 窓は弱みにも、強みにもなります

窓は風や光だけでなく、熱も運びます。夏は7割、冬は6割。熱の出入りの多くは窓からのものです。残念ながら日本では、世界的に見て非常に性能の悪い窓が出回っています。逆に言えば、窓こそもっともコストパフォーマンスの良い投資なのです。窓を変えましょう。ではどんな窓がいいのでしょうか。窓の専門家とともに見ていきましょう。

TOPICS
- 家づくりは「窓」が大事
- 家と健康の大敵「結露」は「窓」で退治
- 「窓」の性能は家の性能に直結する
- 高性能なエコハウスには「樹脂窓」
- 日本の「窓」は変わる

家づくりは「窓」が大事

想像できますか？
窓のない家を

当たり前のようにそこにあり、毎日なにげなく接している窓。でも、窓のない家を想像してみて下さい。暗く閉ざされ、光も風も入ってこないし、外の景色も見えない。そんな家で暮らせるでしょうか。私たちの生活になくてはならないもの、それが窓です。

窓－windowの語源は「風の目／穴」。もともとは石造りの家の壁に開けた、風を取り入れるための穴でした。人はその穴を使い、どうやって日差しや風、温かさや寒さをうまく調節するか、その結果どうすれば気持ちよく暮らせるか、自然と戦いながら仲良くしていくにはどうしたらよいか、長い歴史をかけて試行錯誤を繰り返してきました。その知恵の結晶が現在の窓です。

今日の窓は、日差しや暑さ寒さ、空気の入れ替えなどを上手に調節し、さらに眺望を楽しませてくれたり、家の内観や外観をおしゃれに飾ってくれたりと、昔とは比べようもないほど進化を遂げ、私たちの暮らしに豊かさと快適さを与えてくれています。窓は誰もがほとんど意識しないところで実はとても重要な仕事をしているのです。その仕事を知り、窓を考えること、それが家づくりに欠かせない大切なプロセスです。

木製建具からアルミサッシへ、
そして高断熱の窓へ

戦後、日本の家は木製建具の戸や窓が主流でした。今でも築50年以上の古い家には木製の戸や窓が付いているのを見かけます。風が吹くとガタガタ音がなり、冬には冷たい隙間風が入ってくるなど、とても使いにくいものでした。

高度経済成長と人口増に伴う住宅建築ラッシュが本格化した1960年代後半、アルミサッシが爆発的に普及しました。

ところがアルミサッシには、当時は意識されなかった大きな問題が潜んでいました。断熱性能の低さです。

1990年代に入って家の断熱性能が注目され始めるとともに窓にも断熱性能の向上が求められ、新たにアルミと樹脂を使った「アルミ樹脂複合サッシ」が誕生し、今も多くの新築住宅で使われています。

また、その少し前から北海道では冬の厳しい寒さに対応するため、より高い断熱性能をもつ「樹脂窓」が使われ始めました。これは窓枠が全て樹脂でできている窓で、その高断熱性能が2000年代に入って改めて着目され、今日では日本全国に広まりつつあります。

ガラスも、かつては1枚ガラスが当たり前でしたが、今は空気層を2枚のガラスで挟んだ「複層ガラス」、ガラス面に熱放射を遮断

アルミサッシが爆発的に普及：
アルミは加工しやすく大量生産に向いており、急速な住宅需要に最適だったうえ、隙間風を防いだり、何年使っても丈夫で動きも悪くならないなど、木製建具の窓では難しかった問題を大きく改善。爆発的に普及した。

アルミ樹脂複合サッシ：
窓枠の外側がアルミ、室内側が樹脂でつくられたこの窓は、樹脂の採用で断熱性能を向上し、またアルミサッシに比べてスタイリッシュだったこともあって人気を呼び、現在も多くの新築住宅で採用されている。

図01 気密性能・水密性能・耐風圧性能・断熱性能

する金属膜を形成した「LOW-E複層ガラス」、ガラスを3枚重ね中空層にアルゴンガスやクリプトンガスなどの特殊なガスを注入した「トリプルガラス」などの高性能ガラスが相次いで登場しています。それらは全て、より高い断熱性能を確保するためのものです。

窓選びを制す者は、家づくりを制す。高断熱の窓は家づくりの基本

窓にはたくさんの性能があります。隙間風や花粉などを防ぐ「気密性能」、吹き付ける雨水やしぶきを室内に入れない「水密性能」、台風などの強い風にも負けない「耐風圧性能」。この3つは「窓の基本3性能」と呼ばれています（図01）。そのほかにも、騒音を軽減する「遮音性能」、不審者の侵入に対抗する「防犯性能」、火災の延焼を防ぐ「防火性能」、そして熱の出入りを抑制する「断熱性能」などがあります。

　これらの中で今日では断熱性能が最も重要とされています。なぜでしょうか？

　断熱性能はその名の通り「熱を遮る」性能です。熱は目には見えませんし、生活に直接影響があるようには思われないため、見逃されてきました。しかし、窓を通して入ってくる熱は、実は私たちの暮らしに大きな影響を与えます。夏に窓のそばにいると日差しを浴びているわけでもないのにむっと熱気を感じたり、冬は窓辺がひんやりと寒く周辺の床まで冷たくなっている。そのためにエアコンを強くしたり、もう1枚重ね着したりという経験は誰にもあるはずです。これらは窓からの熱の出入りが家のほかの部分よりはるかに大きいために起きる現象です。

　そして、熱はエネルギーに直結します。例えば、一番身近な電力に。冬は暖房、夏は冷房と、今ではどこの家でもエアコンは1年中使われており、その電気代は馬鹿になりません。それを少しでも節約できないか。省エネできないか。これらもまた窓の断熱性能に大きく左右されるのです。

　このように窓の断熱性能は暑い寒いという住み心地や省エネを左右する重要なものであり、窓を選ぶ基準として最重視されなければなりません。家をつくる時に断熱性能の悪い窓をつけてしまい、暑い寒い状態やエネルギーの無駄づかいがずっと続いて後悔することを避けるには、断熱性能にすぐれた窓を選ばなければなりません。その意味で、家づくりと窓選びは一体で考えるべきこと。どちらの手を抜いてもいい家はできないのです。

家と健康の大敵「結露」は「窓」で退治

**冬場の部屋の寒気と乾燥、
それは低断熱の窓が原因です**

冬、窓の周辺で刺すような冷たさを感じたり、寝ているときに寝室の窓側だけ寒さを感じたりすることがありませんか？

いくら暖房をつけても足元だけ冷たいまま、部屋の上のほうだけ暖かい空気がたまって、「頭寒足熱」ならぬ「頭温足寒」といった不快な経験はありませんか？

これらは低断熱の窓が原因で起こる不快です。低断熱の窓は窓枠やガラスの表面温度が低く、人間の体の熱を奪う（体の熱が窓に移動する）ことで冷たさを感じさせます。

また、低断熱の窓だと窓で冷やされた冷気がガラス面から床面を這うように降りてくる「コールドドラフト」という現象を発生させ、「頭温足寒」を引き起こすのです（図01）。

長年このような住宅に住んでいると、冷え性がひどくなったり、自律神経に支障をきたしたりします。また、コールドドラフトのために余計にエアコンの暖房を強くしがちです。これは部屋の中に強くて温度の高い気流を生じさせ、皮膚の乾燥を促進します。低断熱の窓は不快の悪循環の元凶なのです。

**「結露」するのも
窓の性能が悪いから**

「結露」は「暑い、寒い」とともに多くの人が感じている住まいの不満で、仕方がないものと諦めてしまっている人も多いのではないでしょうか。

結露とは、空気中の水蒸気が冷たいものに触れ、水滴となってそこに現れる現象です（図02）。冬の朝は、外気温が低くなり、低断熱の窓だと窓枠やガラスが冷やされます。特に寝室では、人間の呼吸から空気中に多くの水蒸気が放出され、部屋の湿度が高くなります。この2つが原因で、朝起きると窓に結露

図01 窓で冷やされた冷気が降りてくる「コールドドラフト」

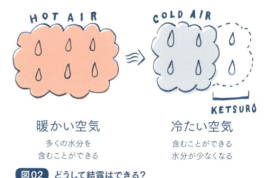

図02 どうして結露はできる？

結露：
空気は温度に応じてその中に貯めることのできる水蒸気の量が決まっている（飽和水蒸気量）。低い温度の空気のほうが貯めることのできる水蒸気量が少ない。冬に部屋を暖房することで暖められた空気が、低い温度に触れると、貯められなくなった水蒸気が空気中から水分として放出され、結露となる。

が発生しているわけです。

　窓ガラスの結露に指で絵をかいたりするのは、冬の風物詩と言えなくもありません。ですが、この風物詩は少々厄介です。窓の結露はカーテンや壁紙、額縁を濡らすだけでなく、ほうっておくとカビの発生をまねきます。それをエサとするダニも発生し、乾燥すると空気中に浮遊して、アレルギーの原因ともなります。

　「結露」は不快で不愉快なばかりではなく、健康にまで影響する怖いもので、それは低断熱の窓に起因していることが多いのです。

図03　結露は冬の風物詩？

怖いのは見えない結露。
家の寿命にも悪影響

　結露は目に見えるものばかりではありません。本当に厄介なのは見えないところで起こる結露です。結露は自然の法則にのっとった物理現象ですから、条件が揃えばどこでも起こります。窓ガラスにつく結露などは「表面結露」と呼ばれ、その名の通り窓などの表面に現れますから拭き取ることも可能ですが、問題は見えない部分で起きる「内部結露」と呼ばれるものです。

　窓は、見えている部分が全てではありません。窓枠の半分は壁の中に取り付けられています。低断熱の窓は、表面以上にその部分の温度が下がり、壁の内部で結露が発生します。ここで発生する結露は見えませんから普通は気づきません。だから拭き取ることはできません。拭き取らないで放置しておくとどうなるか。知らないうちに、内部にどんどん湿気がたまり、ついにはカビが発生します。ある日突然、壁紙のクロスが真っ黒なカビとともに剥がれおちたり、押入れの奥一面にびっしりカビが生えていたりします（図04）。

　何より重大なのは、内部結露は柱などの骨組みを時間をかけて腐らせていくことです。一生の財産である家が結露ごときに傷めつけられ、劣化を早められ、資産価値すら低下させられる…。こんな怖いことを避けるには、結露対策をきちんとすること、なかでも窓を高断熱窓にすることが大変有効なのです。

図04　結露はカビ、ダニ、体調不良の原因に

「窓」の性能は家の性能に直結する

窓、壁、屋根、床などの熱の伝えにくさで家の性能が決まる

住宅の断熱性能は、屋根、壁、床、土台、基礎などの内外にどんな断熱材をどれぐらいの厚みで使うか、それによって得られるそれぞれの断熱性能の組み合わせで決まります。その比較に便利なのが「U値」です。

U値とは「熱貫流率」で、熱をどのくらい伝えるかを表したもの。数値が小さければ小さいほど熱を伝えにくい、つまり断熱性能が高くなります。屋根や壁など家を構成する部位でU値が大きい所は、夏には外から多くの熱が入り込み、冬にはそこから逃げていく熱の量が多くなります。各部位のU値合計の平均が家全体のU値となります。

一般的な断熱材を使用した最近の新築住宅の場合、壁のU値は東京などでは0.5程度が平均とされています。でも健康で住み心地が良く省エネ効果も発揮できる性能としては、実のところこれでは十分とは言えず、健康・快適・省エネを実現する「高性能なエコハウス」と呼べる家であれば、壁のU値は、地域にもよりますが0.2以下が目安となります。0.5と0.2、性能の違いは明らかです。

窓は壁に空いた熱の穴。高性能な家には高性能の窓が基本

それでは窓のU値はどれぐらいかというと、例えば東京で一般的なアルミサッシに複層ガラス（2枚ガラス）を入れた窓は4.7程度です。一般的なU値0.5の壁の10倍近く、高性能なエコハウスのU値0.2の24倍近くも熱を通してしまうということです。このため夏に窓から入ってくる熱量は家全体の74％、冬に窓から逃げていく熱量は家全体の52％を占めます（図01）。

ちなみに、（図02）は、一般によく使われている窓の種類ごとのU値を一覧にしたものです。U値が小さいほど高断熱の窓です。

築15年以上の住宅によく使われているアルミサッシ＋1枚ガラスの窓でU値は6.5。アルミ樹脂複合窓＋LOW-E複層ガラスで2.3。樹脂窓＋LOW-E複層ガラスで1.5。樹脂窓＋LOW-Eトリプルガラスで0.9という

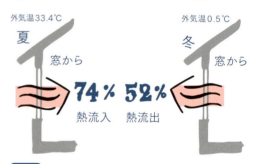

図01　夏と冬、窓からはこんなに熱が移動する

熱貫流率 U値 [W/(㎡・K)]：
熱の伝えやすさを表す数値。室内外の空気温度に1度の差があるとき、1時間に窓1㎡あたりを通過する熱量を表す。数値が小さいほど断熱性が優れています。

U値になります。このように窓はサッシの素材とガラスの組み合わせで、何倍も断熱性能が違ってくるのです。

窓は、windowの語源「風の目／穴」ではなく「熱の穴」であり、それが低断熱であれば家にとって大きな弱点となり、高断熱であれば大きな強みになるということ。それだけ窓の断熱性能は家全体の断熱性能に大きくかかわっています。

さらに「穴」という意味では、窓の基本性能の一つである「気密性能」も不可欠です。気密性能の悪い部分があれば、そこから余計な冷たい空気や暑い外気が入り込みます。これでは室温も安定せず、冷暖房のロスも大きくなります。開閉を行う窓は、断熱だけでなく気密においても家の弱点となります。窓は「高断熱・高気密」であることをもって「高性能窓」と言えます。

新築であれリフォームであれ、ましてや高性能なエコハウスであれば、高性能窓を選択することが基本中の基本です。

フレーム材質	ガラス	金属膜	U値
アルミ	1枚		6.5
アルミ	2枚		4.7
アルミと樹脂	2枚		3.5
アルミと樹脂	2枚	LOW-E	2.3
オール樹脂	2枚	LOW-E	1.5
オール樹脂	3枚	LOW-E	0.9

図02 素材とガラスの組み合わせで性能はこんなに違う

窓をもっともっと賢く選ぼう。方位によってガラスを使い分け

窓からは太陽の日射（熱）が取り込めます。日射はとても大きなエネルギーを持っています。冬にこの日射の熱を上手に使うことで暖房エネルギーを小さくすることができます。それには南面に大きな窓をとりたいところです。

しかし、高性能窓でなければ、入ってくる以上の熱が逃げてしまいます。かと言って、夏に日射が入り過ぎて暑くなり、冷房負荷も大きくなっては困ります。年間を通して省エネ、光熱費を考える場合、これらをうまくバランスさせることが大事です。

実は、窓ガラスには日射をより取り込む「取得型」と、遮る「遮蔽型」の2種類があります。地域や窓の方位によってこれらのガラスを使い分けることで、窓の断熱性能を効果的に発揮できるようになります。

さらに夏対策を行うには、窓の外側にシェード、ブラインド、簾などを設置します。これらの上げ下げで日射を上手にコントロールすることで、夏は日射を防ぎながら冬に日射を取り込む生活が可能になります。

窓は暮らしと自然を共生させてくれる便利な調整装置です。使い方の工夫一つで窓の性能は何倍にもアップするのです。

ガラスを使い分ける：
基本的には、北面には遮蔽型、南面には取得型のガラスを使い、宮城より北の地域では東西面を取得型、福島から滋賀あたりまでは東西面を遮蔽型、中国、四国、九州では全方位遮蔽型とするのがお勧め。

高性能なエコハウスには「樹脂窓」

断熱性能はアルミの1,400分の1。樹脂は断熱優等生

高性能窓の代表が、窓枠に樹脂を使い、高性能ガラスを組み合わせた「樹脂窓」です。なぜ樹脂窓は高性能なのでしょうか？

　熱を伝えやすい物質としては金、銀、銅がよく知られていますが、実はアルミもそれらに匹敵するくらい熱を伝えやすい物質です。一般的な建築用材料である鉄に比べて約3倍、ステンレスに比べると約16倍も熱を伝えやすいのです。これでは断熱性能は期待できません。一方、樹脂は極めて熱を伝えにくく、アルミの約1,400分の1。つまり樹脂窓は、部材、素材としても圧倒的に断熱性能が高いのです（図01）。

　窓は窓枠とガラスで構成されます。ガラスが大きな面積を占めていますから、ガラスだけを断熱性能の高い高性能ガラスにするだけでも窓のU値はそれなりに小さくできます。しかしガラスだけ高性能にしても、問題

が残ります。結露です。窓枠がアルミやアルミ樹脂複合のままだと、前掲の「結露」のところで解説したように、低温によって壁内で内部結露を引き起こし、家の構造まで傷めてしまう可能性があります。樹脂窓の場合、壁内の枠部材まで低温になりにくい高断熱の樹脂ですから、そのような心配はありません。

　断熱性能はもちろん、結露対策まで考えた窓こそ真の高性能窓であり、その完成度において樹脂窓は最も優れていると言えます。

樹脂窓は耐久性に優れた素材でできている

樹脂ときくと、弱い、もろいといった印象を持たれがちです。そんなことはありません。

　樹脂と言っても、いろいろな種類があります。よく使われているのは「ポリプロピレン」で、洗濯バサミやバケツなどに利用されています。確かにこれは日差しに弱い傾向があります。古くなった洗濯バサミが破損しやすいのは、そのせいです。

　一方、樹脂窓には耐久性に優れた「PVC（塩化ビニル）」が使われています。PVCは自動車の部品や地中の下水管などに幅広く利用され、既にその耐久性は実証済みで、50年間の保証を行っている製品もあります。また、樹脂窓の素材としても30年ほど前から使用されています。

図01 住宅部材に使われる素材の熱伝導率比較

さらに、樹脂窓は寒い地域はもちろんのこと、赤道に近いタイやインドをはじめ世界中の住宅に使用されています。つまり樹脂窓の耐久性は既に十分な使用実績によって証明されていると言えます。

高断熱、設計自由度、省エネ・快適・健康。樹脂窓の3つのチカラ

ここまで樹脂窓こそ高性能窓だと述べてきましたが、樹脂窓を勧める理由、3つの樹脂窓のチカラを以下に紹介します。

① 高断熱：
樹脂の高い断熱性により窓からの熱の出入りを大幅に抑えます。現在一般的なアルミと樹脂の複合窓との比較では、冬の窓からの熱の流出を実に3割近く削減できます（図02）。当然、家全体としての断熱性能にも大きく貢献します。高断熱な家をつくるには、まず窓を樹脂窓に変えることが最も効果的でかつ効率がいいのです。

② 設計の自由度：
樹脂窓はガラスと窓枠の断熱性能に差がないので、窓のサイズや形が変わっても熱の出入りの変化が少なくてすみます。これにより設計の自由度も増し、窓の大小、数、配置場所なども柔軟にできます。

③ 省エネ・快適・健康：
熱の出入りが少なければ、室温を保つために必要な熱も少なく、当然、省エネにとても効果的です。そのことはまた、室温の変動を穏やかにし、上下の温度差も少なく、ムラのない快適な温熱環境を生み出します。樹脂窓を使った高性能なエコハウスでは、暖房している部屋と暖房していない部屋の温度差をほとんど感じないレベルまで小さくすることができます。これは浴室やトイレなどで頻発するヒートショックの防止にもつながります。

　冬、住まいを暖かく保つことが様々な健康へのリスクを減らすことが明らかになってきている今、樹脂窓は省エネに貢献する窓であるだけでなく、健康で快適な生活を支える窓でもあるのです。

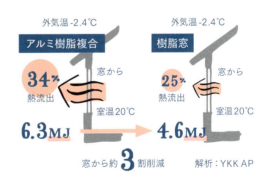

図02 アルミ樹脂複合窓に比べて樹脂窓は熱流出を3割削減
（Low-E複層ガラスの場合）

MJ：
メガ・ジュール（ジュールの1,000,000倍）。熱量の単位。1MJの熱量で、0℃の氷を3kg溶かすことができる。

日本の「窓」は変わる

日本の窓は世界の非常識。時代遅れの日本の窓事情

海外の多くの国では、地球環境や国民生活を重視し省エネや健康対策として窓の断熱性能であるU値を義務化しています。定められたU値を下回る窓は禁止されているのです。ドイツでは1.3が最低基準のU値ですし、イギリスでは1.8、フランスでは2.1、お隣の韓国や中国でも2.5前後です（図01）。いずれの国でも基準を引き上げ、より厳しくする動きがあります。窓の高断熱化は国家的課題なのです。

日本はどうかといえば、「次世代省エネ基準」という基準を国が示しています。これによるU値は、北海道や北東北で2.3、東京などでは4.7です。4.7！ドイツ、イギリスやフランスの1.3〜2.1に比べて、この圧倒的な差。しかも日本の基準は義務ではなく「推奨」であって、努力目標のようなもの。時代遅れそのものです。

これは高性能窓である樹脂窓の普及率を見ても分かります。アメリカでは新築の出荷の約7割、ドイツでも6割が樹脂窓です。欧米だけでなく、中国や韓国などでも樹脂窓は一般的な窓として使われています。それに対して、日本ではどうでしょう（図02）。2割にも届きません。前出の国々と比べてその低さは著しいものです。低性能窓の代表格であるアルミ製の窓の出荷割合がいまだに半分近くを占めている事実もまた、高性能窓の普及の遅れを裏付けるものと言えます。

なぜ日本ではこれほどまでに低性能窓が使われているかというと、第一に、前述の通り日本には法的義務として守るべき窓の断熱性能に関する最低基準がないこと。それどころか、家全体の断熱性能についてさえ義務基準は存在していないのです。第二に、高性能な

図01 日本の窓の性能基準は低いうえ、義務化されていない
出典：［日本］住宅建材使用状況調査 平成28年3月版（一般社団法人 日本サッシ協会）
　　　［アメリカ・EU］日本樹脂サッシ工業会（アメリカ2010-11年、EU 2005年）
　　　［中国］樹脂サッシ普及促進委員会（2000年）

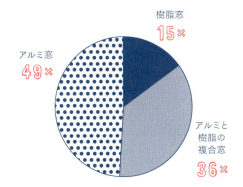

図02　日本の窓の材料別構成比。アルミが約半数を占める
平成27年度材質別窓出荷調査（出典：日本サッシ協会）

エコハウスに対する住まい手の意識がまだ低いということが考えられます。日本の家づくりと窓の常識は世界の非常識なのです。

2020年、日本の家と窓は変わる。省エネ基準・ZEH基準のその先へ！

2020年、省エネ基準（断熱基準）がすべての新築住宅で義務化される予定です。これにより、今までは単なる努力目標でしたが、2020年以降は省エネ基準を満たさないと住宅を建築することができなくなる方向です。これは日本の家づくりにとって歓迎すべきことです。しかし、注意しなければいけないのは、この省エネ基準で義務付けられる断熱性能は前述の諸外国の基準に比べると低いレベルで、高性能なエコハウスとは言いがたいということです。

また国は、前出の「ZEH」（ネット・ゼロ・エネルギーハウス）を2020年までに新築住宅の半分で実現する目標を立てています。このZEH基準で示されている省エネルギー性能は、実は高性能・高効率なエアコンや給湯器による省エネでも達成可能なレベルです。もちろん設備の省エネ化はとても重要です。しかし、設備の償却年数は家の償却年数に比べてはるかに短く、家が古くなる前に性能は低下し、修理や交換などの必要も出てきて、コストもそれなりにかかります。一方、家や窓は、設備のようには簡単に何度も交換できません。であれば、まずは設備より建物の高性能化こそ重視すべきです。

この省エネ基準やZEH基準は、満足できる健康・快適や、温熱環境、省エネ効果を得るためのレベルとして十分ではありません。その程度のレベルを達成するために設備に高額な費用をかけるのは、算盤勘定が合いません。

高性能なエコハウスは、設備を最小限に抑え、建物そのもの、建物全体の断熱性能を優先することで、省エネ基準やZEH基準を超えた省エネ効果と快適・健康な暮らしを実現し、さらには資産価値の維持・向上をも得られる家です。

日本もようやく高性能なエコハウスの普及へと舵を切りつつあります。それに対応して、窓も樹脂窓をはじめ、より高性能な窓への進化の途上にあります。目指したいのは省エネ基準やZEH基準のレベルではなく、もっと先の、住まい手が本当に満足できる高性能です。

高性能な家づくりに
大切なこと

よい家は

健康

をつくる

岩前篤
Atsushi Iwamae

近畿大学　建築学部　学部長　教授
1986年 神戸大学大学院を修了後、ハウスメーカーに入社し、住宅の断熱・気密・防露に関する研究開発に携わる。1995年、神戸大学にて博士号を取得。2003年春に同社を退社したのち、近畿大学理工学部建築学科に助教授として就任。2009年に同教授、2011年に新設された建築学部の学部長に就任し、現在に至る。1961年 和歌山県生まれ。

> 家づくりの常識を
> アップデートしましょう

家の中で、交通事故の3倍もの方々が亡くなっている日本。原因の多くはヒートショックや低温によるものなのです。かたや欧米では賃貸物件の最低室温が法律で決められているほど。「低温は万病の元」が、世界の常識です。近年、快適な熱環境の家は、健康はもちろん美容やお財布にもよいことがわかってきています。

TOPICS

- 日常生活に潜むリスク
- 家は外より3倍キケン
- 低温は万病のもと
- 住まいと美容の深い関係
- 健康リスクとコスト

日常生活に潜むリスク

どうして私たちは、より安全、より安心を求めるのだろうか？

「行く川のながれは絶えずして、しかも本の水にあらず。よどみに浮ぶうたかたは、かつ消えかつ結びて久しくとゞまることなし。世の中にある人とすみかと、またかくの如し」。鴨長明が800年ほど前に方丈記で書きのこしたように、基本的に私たちの日常は儚いものでした。ゆえに、より安全、より安心を求めて暮らしは変わっていきました。この変化はこれからも続くことでしょう。

経験的にしか安全を考えられなかった頃と異なり、いま、私たちは格段に安全な世の中を生きています。しかしながら、方丈記にあるような災いがいきなり降りかかってくることは決して皆無ではありません。

ここでは、まず日常生活に潜む様々なリスク、なかでも住まいに関係して私たちの健康な生活を脅かすリスクについて考えてみたいと思います。

シックハウス。ダニやカビ

住まいのリスクといえば、なんといっても空気質でしょう。70年代から使われ始めた面材やサッシが、それまで普遍的な存在であった隙間風を少なくし、私たちが意識しないうちに室内で発生した化学物質の濃度が極端に高くなり、90年代にシックハウスとして広く社会的問題となりました。一般雑誌でも「住原病」と呼んで70年代の公害に匹敵する社会的不安を呼び起こしました。このため2000年頃、広域かつ集中的な実態調査が行われ、室内空気質濃度の実態が明らかになり、これをもとに2003年、建築基準法で原因物質の一つホルムアルデヒドの低減方策が義務化されました。それ以降、問題の程度はかつてに比べると相当小さくなったと思います。

対照的にダニやカビといった微生物による健康被害が増えています。東日本大震災の仮設住宅でも、ダニによるぜんそく被害が多発していることが報告されています[※1]。アレルギーの外来治療で有名な相模原病院でも、最も原因として大きいスギに次いで、ほとんど変わらないレベルでダニがアレルゲンとなっていることを報告しています[※2]。

火災よりも家庭内事故がリスク

火災によって亡くなる人は年間1,000人程いますが、実は家庭内の転倒・転落事故で亡くなる人はそれよりも多く、2,000人程度です。火事への備えは普段から気をつけていると思いますが、リスクとしてとらえると、それほど高いとはいえないようです。

鴨長明：
平安時代末期から鎌倉時代にかけての日本の歌人・随筆家。世捨て人となり山奥での隠遁生活の心境を綴った「方丈記」は日本三大随筆の一つ。

シックハウス症候群（Sick House Syndrome）：
新築や改修後の住宅内で起きる体調不良のこと。目がチカチカする、鼻水、のどの乾燥、吐き気、頭痛、湿疹など人によって症状は様々。接着剤や塗料に含まれるホルムアルデヒド（Formaldehyde）などの有機溶剤の他、カビや微生物がその原因物質となる。

熱中症は105人、
低温に起因する死者は12万人

近年、梅雨明けと共に話題となるのが熱中症です。昨年9月の総務省の発表[※3]では、2015年に熱中症で救急搬送された人は5万6,000人で、一昨年に比べ30％以上増加しています。メディアでは、蒸し暑い日本における暮らしの基本は夏対応であると言われてきたことへの根拠として取り上げられる熱中症ですが、実はこれが原因で亡くなった人は、昨年は105人です。意外に少ない印象をもちます。熱中症で救急搬送される人は年々増加していますが、幸いなことに多くの人は、病院で少し休憩されると元気を取り戻し、それぞれの住まいに戻っています。3割ほどは入院、不幸にして亡くなった人は、搬送者の0.2％となっています。

　では、これに対して冬はどうでしょうか。この日本で低温の影響を受けて亡くなっている人はどれくらいいると思いますか？

　消費者庁の発表[※4]では、2015年に風呂場で亡くなった人は4,866人に上り、10年前の1.7倍に増えています。しかしこの数字は救急車が到着した時に風呂場で亡くなっていた人のみであり、風呂場で倒れて病院に搬送された後に亡くなった人の数は含まれていません。これを含めると1万7,000人になるとの推定結果の報告があります。

　1万7,000人は年間の合計です。では、冬期に低温の影響を受けて亡くなっている人はどのくらいいるのでしょうか。1万人ちょっと？ 数千人？ 実は、2015年5月に国際的な医療専門家による調査分析結果が報告されました[※5]が、その中では12万人という数字となっています。

風呂場だけじゃない

冬期の低温を受ける場所は、風呂場だけではありません。影響を受ける症状は、心臓発作や脳梗塞といった血液の流れに関するもの（循環器系疾患とよびます）だけではないのです。様々な症状によって亡くなる人は冬期に増加します。これらを推計すると、わが国では12万という数値になります。

　室内空気質、ダニ・カビアレルギー、熱中症、あるいは地震や火災は起こるたびに大きな話題となりますが、そのリスクは低温の影響とは比較にならないレベルだったのです。

　私はヒートショックという言葉が、逆にこの低温の影響を小さく印象づけてしまったと考えています。寒い風呂場で倒れていた。いかにもヒートショックとして分かりやすい事例ですが、私たちの日々の暮らしにおけるリスクはそれだけではないことに、もっと広く目を向ける必要があります。その上で低温のリスクを認識することが非常に大切なことと考えています。

ヒートショック：
家の中の急激な温度差が身体へもたらす悪影響のこと。血圧の大きな変動で心筋梗塞や脳梗塞などを引き起こす。

家は外より3倍キケン

鎌倉時代は夏に備えた家をつくっていた。では、現代は？

「家のつくりやうは夏をむねとすべし。冬はいかなる所にも住まる。暑き頃わろき住居は堪へがたきことなり」（第55段）。兼好法師が750年ほど前に徒然草で書きのこした言葉です。住まいは夏の暑さのことを考えて工夫しなさい、冬はどのようにしても、どのようなところでも暮らすことができます。夏の暑いころに、備えの不十分な住まいはとても耐えられるものではありません、という意味です。

私は、兼好法師が生きておられた頃はこの言葉は正しかった、しかしながら今はそうではないと確信しています。

100年前は夏に死亡者が多かった。現在は圧倒的に冬

人が1年のなかでどの時期に最もたくさん亡くなるか、調べると非常に興味深い事実があります（図01）。日本に残る最も古い調査が1910年（明治43年）に行われています。この当時は8月が最も死亡者が多くなっていました。以降のデータを見ると、夏の死亡者が減り、逆に冬の死亡者が増えていることが分かります。1970年頃には完全に冬が最も多い季節となり、夏は最も少なくなっています[※6]。以降、毎年、これが繰り返されています。つまり、明治以前の日本社会では、夏がリスクの高い状態でしたが、現在は冬が最もリスクの高い状態に変わったのです。わが国だけではなく、欧米でも同様の状況があったとされます。

図01 月別死亡率の変換

月別死亡者が夏から冬でどの程度上昇するか、これを死亡率季節間変動といいます。死亡率季節間変動を欧米各国で比較・考察した報告があります[※7]。これによれば、暖かいはずの欧州南部のほうが北欧やカナダのような寒冷地より冬期の増加割合が大きくなっています。世界保健機構WHOの公式見解では、欧州南部では冬の低温への対応が遅れていることを原因としています。

実は、低温による健康障害は欧米では極めて当たり前の常識となっています。WHOは2009年に「住宅と健康」という調査報告書を出版し[※8]、その中で、低温は健康障害と明記しています。ところが、日本では同じリ

兼好法師（吉田兼好）：
鎌倉時代末期から南北朝時代にかけての歌人・随筆家。代表作「つれづれなるままに、日くらし」の書き出しで有名な「徒然草」は日本三大随筆の一つ。

スクがはっきりと死亡率変化に現れているにも関わらず、現状を正面から見ずに、古くからの言い伝えに基づいて「家は夏をむね」と考え続けているのです。

病気で亡くなる人が冬期に大幅に増え、12万人に相当することは前節で書きました。実は家庭内の不慮の事故においても同様の傾向がみられます。

家庭内の事故死亡は交通事故の3倍

事故といえば、交通事故が真っ先に頭に浮かびます。一時期は年間1万8,000人を超えていた交通事故死亡者ですが、幸いなことに年々減少しつづけています。全日本交通安全協会によれば、2015年には4,113人まで減少。今後、自動運転車が実用化、普及するとこの数はさらに千人台まで低下すると予測されているようです。

ところが手放しで喜ぶことはできません。むしろ深刻になっていることがあります。家庭内の不慮の事故で亡くなる人は、交通事故死亡者の減少とは逆に、大幅に増加しています。年間1万人ちょっとという頃もありましたが、現在は1万5,000人弱まで増えています。交通事故で亡くなる人の、じつに3倍以上の人がおうちの中の事故で亡くなっているのです（図02）。ところが私たちは家の中のほうが安全だと信じ切っています。その証が「いってらっしゃい、気をつけて」の言葉です。

図02　事故による年間死亡者数

誰もがごく自然に使っていますが、リスクの実態を踏まえると、これほど不適切な表現はありません。統計データからは、「おかえりなさい、気をつけて」が正しいことが分かります。

危ないのは寒冷地よりも、住宅の寒さ対策が遅れているエリア

この家庭内事故においても明確な季節性がみられ、死亡者は冬期に大幅に上昇することが分かっています。病気でも事故でも、私たちが安全と思って疑わなかった「住まい」の中で亡くなる人が冬に増え、その数は交通事故の比ではないことを、もっとよく考える必要があります。

日本の死亡率季節間変動は、欧州各国と比べると大きく、同じような気候のフランスよりも大きくなっています。このようなことを真摯に見つめなおし、冬のリスクに備えた住まいづくりが、いま、最も大切なことであることを私は確信しています。

低温は万病のもと

寒さは味方？敵？

「冬はつとめて。雪の降りたるはいふべきにもあらず、霜のいと白きも、またさらでもいと寒きに、火など急ぎおこして、炭もて渡るもいとつきづきし」。清少納言が枕草子で書き記した冬の朝です。彼女は、冬は早朝の最も寒い時間が、最も美しい一瞬である、と書きました。このことから、古くから日本人は冬の寒さを愛おしんできた、と言う人もいます。しかしながら、清少納言は同じ枕草子の中で「冬はいみじう寒き」、冬の寒さは耐えがたいほどである、とも書いています。

日本の住宅はどうして
不快なままなのか

前節でも書きましたが、欧米社会では、冬の低温は健康を蝕む存在であることが明確になっています。ところが私たち日本人には、寒さによって心身が丈夫になる、と考えている人が少なくありません。この意識が日本の住宅の高断熱化を阻害している最大の原因ではないか、とこのごろ私は思っております。
　確かに凍った水に飛び込む寒中水泳や冬早朝の乾布摩擦など、非常に寒い中でのアクティビティが健康の一助となることも否定できません。ではなぜ日常生活のなかでの寒さが健康障害となるのでしょうか。これについて、人間は意識的に行動している場合と、無意識に行動している場合の2つがあることで説明できると私は考えています。意識した行動はたいてい、その達成感と共に私たちの、特に精神状態にプラスに作用します。そういった意味で、寒中水泳、乾布摩擦はよいものです。ところが私たちは、日常生活において、1日24時間、常に何か達成目標をもって行動しているわけではありません。このような無意識下では、低温は健康阻害に働くと考えられます。

高性能なエコハウスに住むと
元気になる、の秘訣

高断熱住宅が居住者の健康に資する事例を一つ紹介します[※9]。私は、全国の高断熱ビルダーさんとお付き合いしているなかで、10年ほど前から高断熱住宅に住んで元気になった人がいる、という話を頻繁に聞くことに興味を持ちました。その興味から、お住まいの方のモニターレポートや感想文を読むと、膝の痛みが和らいだ、ぜんそくが出なくなったといった従来の快適性の改善とは異なる表現が少なくないことに気づかされました。これを背景として、新築の戸建て住宅に引っ越しした人を対象としたアンケート調査を行い、最終的に2万人以上の回答を集

清少納言：
平安時代の女流作家・歌人。宮仕えの体験を独特のセンスで綴った「枕草子」は日本三大随筆の一つ。

高断熱ビルダー：
高断熱住宅（高性能なエコハウス）を得意とする工務店および建築業者。

めました。この調査の特徴は2点。一つは転居前・転居後の2つの生活で、肌のかゆみやぜんそく、アトピー性皮膚炎などの日常諸症状の有無の変化を聞いていること。もう一つは転居後の住宅の断熱性能を聞いていることです。これらから、転居後の住まいの断熱性能によって、回答者を3つのグループに分けて結果を分析しました（図01）。

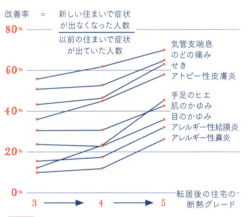

図01 各種疾患の改善率と転居した住宅の断熱性能との関係

　断熱性能があまりよくない家、よい家、もっとよい家、それぞれに住む人からなるグループです。転居前の暮らしで症状が出ていた人のなかで、新しい暮らしで出なくなった人の割合、これを改善率と呼びます。統計的に有意になった改善率の結果すべてに明確な住まいの断熱性との相関が現れ、住まいの断熱性が高いほど出なくなったという人が増加することが明らかになりました。「手足の冷え」は当然のこととして、「ぜんそく」「アトピー性皮膚炎」など、因果関係、物理的原因は明らかではありませんが、現象として高断熱による改善効果が示されていると言えます。

危ないのは無意識な"低温"

　このことは、「低温は万病のもと」を明確に示しています。"低温"と"寒さ"は異なります。"寒さ"は、身体が低温にさらされていることを心が感じた状態です。寒さを感じていて、そのまま暮らしている人はほとんどいません。暖房温度を上げたり、コタツに入ったり、あるいは暖かい部屋に移動したり、といった対応をします。つまり寒さが仮に健康障害の原因であっても、それが作用する機会はそれほど多くありません。

　一方で、無意識の状態で低温に体がさらされていることは少なくありません。例えば、仕事や読書に夢中になっていて、気が付いたらすっかり体が冷えていた。酔っぱらってリビングで寝てしまった。もっとも多いのは寝ている間です。寒さを感じながら寝ている人はいませんが、冬の夜に暖房を切って寝ている多くの人は、呼吸を含め、低温のなんらかの影響を受けています。

　よく「温度差が問題」と言われますが、家じゅう温度が低ければ温度差がないから大丈夫と思っている人もいます。これは非常に危険といえます。低温を排除することが健康な暮らしの第一歩であることを、しっかり理解していただきたいと思います。

住まいと美容の深い関係

健康

Atsushi Iwamae

外見の美しさ、内面から発する
健康的な美しさの密接な関係

「予行路之次、歩道之間、徑邊途傍有一女人。容貌頗頹、身體疲瘦、頭如霜蓬、膚似凍梨、骨竦筋扐、面黑齒黃、裸形無衣、徒跣無履、聲振不能言、足蹇不能步」。都を身なりのよくない1人の老婆がさまよい歩いている。平安時代中期の漢詩「玉造小町子壮衰書」の巻頭です。かつては美人で有名であったが、今はみるかげもない、その悲哀を説く作者不詳の物語です。後世、「花の色は移りにけりないたづらに我が身世にふるながめせし間に」で有名な小野小町の姿といわれるようになりました。楊貴妃と共に絶世の美女と称えられた小町ですが、鎌倉時代以降、あまり好意的には伝えられていないようです。

古今東西、儚いもの、また若さの象徴ゆえに人は美を追い求めます。始皇帝に不老薬の探索を命じられた徐福は、和歌山熊野から補陀落浄土を目指し、帰らぬ旅に出たともいわれます。

現在でも、美の追求はたゆまず続けられています。

人の美には、いわゆる外見の美しさと内面から発する健康的な美しさの2つがある、というのが定説です。両者は相対するものであるといわれてきましたが、近年、これらの間には大きな関係があるという研究報告がなされています。

健康と精神状態とつやつや肌の関係

これは私たちの「健康」そのものに関係する話ですが、例えば、おなかの調子が悪くなると人は気が弱くなります。弱気になると、顔つき、見かけも少しみすぼらしくなる、といった関係です。

研究者の間では、腸・脳・皮膚相関と言います。腸内フローラが話題ですが、私たちの体には、腸の1千兆、皮膚の1兆を含め、人体を構成する細胞より多くの細菌が共棲しています。この共棲細菌たちが私たちの健康維持に大きな役割を持っていることが分かってきました。

コラーゲンは、経口摂取は実際にはほとんど意味がないとも言われますが、内臓を整えることで、精神状態が正され、それによって皮膚の状態もよくなり、結果、張りのあるつやつやしたお肌になる、というつながりがあるようです。

肌のコンディションは、
空気の乾燥と連動している

外見の美には肌のコンディションが大きく作用するのですが、肌のみずみずしさは、皮膚の含水率で決まります。冬期は空気が乾燥するため、皮膚からの蒸発が多くなり、肌も乾燥するわけです。

どのくらいの湿度で皮膚は乾燥するのか。

玉造小町壮衰書(たまつくりこまちそうすいしょ):
平安後期の漢詩文作品。作者不詳。転落人生を歩む惨めな老婆の物語。

腸・脳・皮膚相関:
腸は「第二の脳」とも呼ばれ、自律神経やホルモンを通じて脳と密接に影響を及ぼし合っていることがわかってきている。

これを研究した事例では、私たちの肌の状態と周囲湿度環境に密接な関係があること、さらに意外なことにお肌の状態と血圧も関係している可能性が示されています。

　夜寝る前と朝起きた後で、肌の含水率を測定して分かったことですが[※10]、夏、私たちの肌は、就寝中に乾燥します。寝る前より起きた後のほうが含水率が下がっているのです。ところが冬は逆に、就寝中は湿潤します。これは日中の状態とも関連があり、昼間に外気にさらされることの多い肌は乾燥するため、夜間に身体から水分を補っていると考えられます。保湿クリームは肌の湿潤維持に最も効果が高く、これによって1日の含水率変動は抑えられます。

気密の低い家では加湿器も役立たないどころか、押入れのカビの原因にもなる

肌の湿潤状態を維持するために加湿器を使用することが多いようですが、残念ながら古いおうちは隙間が多く、加湿した水蒸気は部屋の湿度を上げる前に他の場所に行ってしまうため、乾燥対策にはあまり有効ではありません。肌を整えるつもりが、別の部屋の押入れの衣類にカビを生えさせていた—よくある話です。加湿器を使用する場合は、使っている部屋だけではなく、屋内全体で湿りがひどくなっていないか、確認することが大切です。

　省エネを目的とする高断熱・高気密住宅に健康改善効果があることは前節で触れましたが、こういった住宅では湿度の制御も簡単になるため、皮膚の調子もよくなり、肌も整えやすくなる可能性が示されています。

　高断熱・高気密住宅は乾燥しすぎる、という人もいますが、そのような場合は洗濯物の室内干し、室内観葉植物の水やり等で比較的容易に対策できます。

皮膚が乾燥すると血圧が上がる。高性能なエコハウスと美肌と血圧の意外な接点

皮膚を潤す水分は血管・汗腺を通じて体内から供給されます。皮膚が乾くと、体内をめぐる血流量も多く必要となり、結果、血圧が高くなる可能性も指摘されています[※11]。逆にいえば、肌の調子が良いと、血圧も安定するということです。

　胃腸と皮膚を整えることで、健康で明るい生活を楽しめる。このことを玉造小町が知っていれば、と思います。

健康リスクとコスト

幸福度や健康度の高さはお金とリンクする？

「地獄の沙汰も金次第」は上方かるたの"ち"です。江戸かるたは「塵も積もれば山となる」なので、いかにもお金にうるさいといわれる関西らしい違いです。ちなみに、大阪を商人のまちにしたのは、豊臣家復興を嫌った江戸幕府のようです。大阪人が好まない家康によって大阪マインドが作られたとすれば、実に皮肉なことです。

それはともかく、この表現にはお金を蔑むような感覚があるように思います。様々な社会調査で、私たちの幸福度や健康度に最も関連が高いのは収入と出ていますが、私たちはなくてはならないお金に対して、何か引け目のようなものを感じているように見えます。しかしながら、私たちの暮らしにおいて、コストは大変重要ですし、当然ながら様々な様相を如実に示します。

医療コストは増すばかり。困ったときのお医者頼み、薬頼み

例えば、私たちの健康な生活に必須の医療関係のコストについて、1990年と2010年で比較すると、歯科はほとんど変わっていませんが、外来診療は3.7兆円、入院費と調剤関係はそれぞれ5兆円増加しています（図01）。困った時のお医者頼み、薬頼みの姿勢が見事に表れています。一口に5兆円といいますが、この国の国防費が年間5兆円です。かくも多額のお金を私たちは長寿のために使っているといえます。

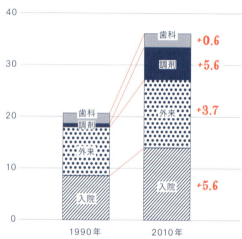

 国民医療費の内訳と変化

長寿だけど不健康。これってしあわせ？

国全体で40兆円を超える医療費、まさにこの膨大なコストによって世界有数の長寿が保たれていると言っても過言ではないでしょう。しかしながら、長寿と健康は異なります。健康寿命と平均寿命の差を厚生労働省は「不健康な期間」と言っていますが、この期間を見

健康寿命：
介護などが不要で、健康で自立した生活ができる期間のこと。平均寿命が長い日本では「不健康な期間」が長くなる。

ると、わが国が11年を超えるのに対し、欧米各国は7年から8年程度です。私たちは健康なまま長生きしているわけではないことが分かります。

食べものより運動より住まい？
健康と住まいのコスト事情

近年、医療費増加を抑制する試みの一つとして、生活習慣の改善が大きく取り上げられています。適切な食べものや運動、社会との関係などで健康が改善されることは確かですが、欧米では当たり前の住環境に関する取り組みはわが国ではあまりなされていません。この理由としては、わが国では健康とコストがあまり直接的に結びついていなかったことが小さくない、と私は考えています。

断熱しないと損をする

住まいと健康に関するコストを追究した事例として有名な研究がニュージーランドで行われました[12]。2000年頃の、1350件の住宅を対象とした大規模介入調査です。

　介入調査とは、居住者の意思に無関係に、強制的に何かの条件を変えることで、人の期待による「偽薬効果」を少なくするものです。この調査では、半分の675件を強制的に断熱改修し、その前後で屋内環境と居住者の健康性の変化を調べました。

　結果、断熱性を高めることで、様々な症状が軽減され、健康性が向上することが示されました。さらに、このことによる治療費の軽減効果を、暖房エネルギーの節約効果と合わせてコスト評価。30年間使用した場合、断熱改修によって得られる日常のコスト低減効果は、改修に要するコストの2倍になる、と結論付けています。断熱改修はしないと損をする、ということになります。

高性能なエコハウスに住むと
年間9,000円の医療費が削減

前節で紹介した私たちの調査結果などに基づいて医療費の低減効果を試算した結果も報告されています[13]。これによれば、断熱性能の高い住居に住むことにより、平均的には1人あたり年間9,000円ほど医療費が小さくなることが示されています。この数字は、暖房費の低減コストよりも大きくなります。標準家庭におけるシミュレーションでは、断熱に必要なコストを、その後の暖冷房費の省コスト効果で割ると、25年から30年かかることになります。これに医療費の低減コストを合わせると、15年程度に短縮されます。すなわち、前述したニュージーランドの調査分析結果とほぼ同じ答えです。

　これからは、こういった健康改善による医療費の削減効果も、住まいの計画において重要になってくるものと考えられます。

高性能な家づくりに
大切なこと

よい家は

燃費

がよい

今泉太爾
Taiji Imaizumi

一般社団法人　日本エネルギーパス協会　代表理事
不動産仲介業を行う中で、築年数で価値が決まってしまう日本の建物評価制度に疑問を持ち、世界基準のサスティナブル建築・省エネ住宅の普及を目指し、2011年に一般社団法人日本エネルギーパス協会を設立。国土交通省不動産市場流通活性化フォーラム委員、住宅のエネルギー性能の表示のあり方に関する研究会委員を歴任。現在長野県環境審議会地球温暖化対策専門委員を務める。1978年 千葉県生まれ。

> ローンと光熱費。どちらもランニングコストです

家は人生最大の買い物。と同時に、最大の衝動買いとも言われています。一生を左右する買い物を、営業トークの良し悪しで決めてしまうのはおすすめできません。よい買い物には、合理的な判断が必要です。車に燃費があるように、実は家にも燃費があるのです。いま建てようとしているその家の燃費について考えてみましょう。

TOPICS

- 賃貸？購入？ どっちがお得？
- 普通の家と低燃費な家、どちらを買いますか？
- 家の燃費をよくすると、将来のリスクヘッジになる
- 「高性能なエコハウス」こそ「地方創生」の切り札
- 未来の住宅の形、それが「ゼロエネルギーハウス」

賃貸？購入？どっちがお得？

どっちを選んでも金銭的には変わらない

住宅にまつわるお金の話で最も有名なのが、住宅雑誌やネットコラムなどで常に掲載されている「賃貸と購入はどっちがお得なのか？」というテーマです。

本書は住宅マネーの専門書ではないので結論だけ申しますと、意外なことに賃貸と購入はどちらを選んでも、金額的にはあまり変わりがありません。論より証拠、具体的にモデル家族で検討してみましょう（図01）。

夫 32歳　　妻 30歳　　長女3歳
　　　　（長男妊娠中）

賃貸	購入
メリット： ・家の大きさを変えられる	メリット： ・所有権 ・好きにつくれる ・36年目以降大幅コストダウン
[家賃] 1年目　40㎡　6万円 2年目　60㎡　8万円 11年目　80㎡　10万円 35年目　60㎡　8万円 **3,264万円**	[ローン支払額] 100㎡　9万円×35年 **3,254万円**

図01　購入vs賃貸　コスト比較

このように、賃貸でも購入でも支払う金額が同じぐらいになるのには理由があります。賃貸を選んだ場合は大家さんへの分割払い、購入を選んだ場合は建設事業者への支払い（支払方法は住宅ローンを組んだ金融機関への分割払い）となり、いずれも事業者への分割支払です。事業者は自己利益を最大化しますので、家賃もローン支払額も、その地域の住民の月収で支払えるギリギリの値付けがなされています。そのため、購入でも賃貸でも、支払先は違えどもどちらを選んでも相場の範囲内となり、支払う金額は大体同じぐらいになるわけです。

このように、モノの値段というものは、絶妙なバランスで値付けされているため、一見大局的な選択肢でも、結局金額はあまり変わらなくなるようにできています。

購入と賃貸では「住宅の質」は大きく違う

ただし35年間での総支払額は同じでも、購入と賃貸で両者の住宅を比較してみると、得ることができる「住宅の質」は大きく違います。

（図01）のケースでは、購入の場合の住宅面積は100㎡であり、㎡単価は1.1万円/㎡年です。

一方賃貸の場合は、期間平均面積は58.9

㎡、㎡単価は1.6万円/㎡年となり、㎡当たりの支払額では約1.4倍もの差が付きました。また、平成25年住宅・土地統計調査によれば、ファミリー世帯の住宅の中心である戸建ての平均床面積は、借家の84.56㎡に対して、持ち家は132.95㎡となっており、賃貸と購入とでは、床面積に大きな差異があることが確認できます。

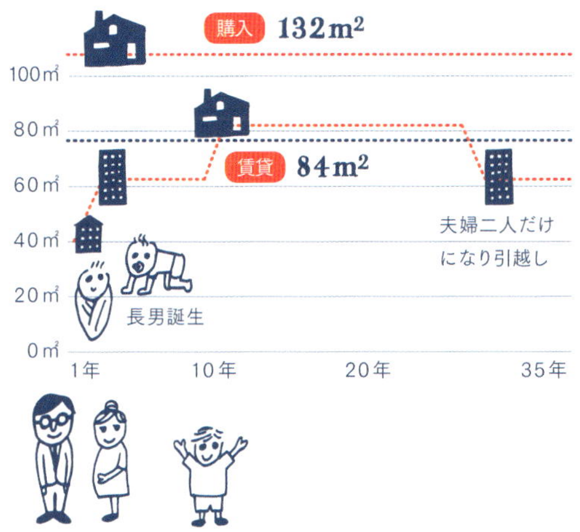

図02　購入vs賃貸　床面積の推移と比較
出展：平成25年住宅・土地統計調査

支払う金額が同じでも賃貸は質が下がるのはなぜ？

つまり、支払額だけではなく広さ（住宅の質の重要な要素のひとつ）まで考慮した㎡単価でみると、購入と賃貸では大きな差があると言えます。これは購入の場合の「建設会社→金融機関→居住者」と比較して、賃貸の場合は「建設会社→金融機関→大家→居住者」とステークホルダーが多いため、購入と比較して末端コストが高くなるからです。

82％の人が住宅を購入している

そのため日本人は30代で約5割、50代では約7割、最終的には8割が住宅を購入しています（図03）。「どうせ住居費として誰かに支払わなければならない。そしてその金額もほとんど変わらない。であれば、小さな部屋を大家さんから借りて家賃を消費し続けるより、頑張って自分の家を建て、銀行に分割払いしたほうが得じゃないか」と考えるのは当然ですよね。では、この考え方を踏まえて、次のトピックスをお読みください。

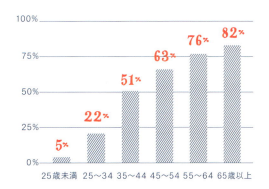

図03　世帯主の年齢別持ち家率
出展：平成25年住宅・土地統計調査

普通の家と低燃費な家、どちらを買いますか？

安くて普通の家、高くて低燃費な家、あなたはどっちを選びますか？

ここで一つ質問です。皆さんは、AとBどちらを買いたいですか？
「A：普通の家、B：低燃費な家」
　一般的に多くは、Aを選びます。なぜなら「家が安い」から。Bは、断熱性能が高い「高性能なエコハウス」ですが、手間とコストがかかります。

「A：普通の家」はほんとに安い？

ここで新たな視点を加えてみます。エネルギーコストは考慮せず、「初期コスト（最初にお家を建てるときの金額）」だけに注目した住宅が「A：普通の家」。一方、初期コストはAに比べて高いものの、エネルギーコストを抑えた住宅。つまり、「初期コスト」に加えて「エネルギーコスト（30年間の生活で必要な電気、ガスの総額）」という新たな指標を加味して設計されたのが「B：低燃費な家」。

　そして、AとB、どちらも「初期コスト」＋「エネルギーコスト」の総額が等しくなる場合、あなたはどちらを買いますか？

　ここまで説明すると、私の経験上、ほとんどの方はBを選ぶようになります。なぜならば、Bのほうが高性能で快適な「いい家」だからです。Aで消費する電気やガスは使った瞬間に消えてなくなってしまいますが、Bの場合は良質な建物が残ります。どうせお金を払うなら、形に残るもののほうがいいと直感的に感じるのです。

A：普通の家
初期コスト 1,800万円＋
エネルギーコスト 750万円＝
2,550 万円

B：低燃費な家
初期コスト 2,175万円＋
エネルギーコスト 375万円＝
2,550 万円

図01　支払う総額が同じなら？

**普通の家を建てる＝
30年分のエネルギーも
買う決断をしたということ**

私たちが日々分割払いしているエネルギーコストは、意外と高いのです。一般的な120㎡ぐらいの戸建ての場合、現在のエネルギー価

格で計算すると、平均年間25万円ほどの光熱費がかかります。つまり、「Ａ：普通の家」を建てる場合、同時に25万円×30年間＝750万円分のエネルギーを買うことになります。

一方、エネルギー消費量は従来の家の半分で済む「Ｂ：低燃費な家」の場合は、将来のエネルギーコストは半分ですから、浮くであろうエネルギーコスト375万円分を住宅のアップグレードに使えます（図01）。

「普通の家」と「低燃費な家」では快適性が違う

また、「普通の家」と「低燃費な家」は支払う金額は同じでも、居住快適性などの生活の質は大きく異なります。

例えば樹脂窓とアルミ窓では、窓周辺で感じる寒さが違いますし、樹脂窓では窓枠の結露に悩まされることもありません。そのため、金額差がないのであれば、電気やガスを買うよりも、樹脂窓にアップグレードして生活の質を高める方がいいと考える人が増えています。地球温暖化が深刻化して節電が叫ばれる昨今、エネルギー価格も乱高下しながらジリジリと上昇しています。そんななか、あえて生活の質を下げてまで電気を買い続けたいという奇特な人は、そうそういません。

車選びでは燃費を重要視しているはず

実はこういう考え方、住宅以外ではごく当たり前なんです。自動車選びでは燃費性能が重要視されます。エコカーを買うと、将来のガソリン代を削減することができます。本体価格は少々高くなるけど、乗る分の将来のガソリン代が安くなるから、トータルで見たらこっちのほうがお得になるのではないかと考えます。だからエコカーは少々お値段が高くても多くの消費者に支持されていますよね。

図02　燃費を計算してアップグレード！？

家の燃費をよくすると、将来のリスクヘッジになる

燃費

Taiji Imaizumi

エネルギー価格は
将来どうなると思いますか？

30年先のことはだれにもわかりません。しかしながら、想像してみることは可能ですので、エネルギーの未来を少し考えてみましょう。

現代の主力エネルギー源は石油や石炭などの化石燃料です。統計によれば、産業革命以降のここ100年ほどで、地球上にある化石燃料の過半数を使用してしまいました。ポジティブに考えると、まだ半分残っているということになります。ただし、人間というものは怠け者です。化石燃料も採りやすいところから採り始めました。今残っている半分は海底5,000メートルより下、そこからさらに2,000メートル掘り下げた場所であったり、頻繁に内紛があるなど、戦争等で治安の不安定な地域などに残っています。つまり、採りにくいところに残っているため、採れば採るほど難易度が高くなり、減れば減るほど手間とコストがかかります。

実は、エネルギーはなくなることはありません。よく統計上では、原油はあと40年と言われます。10年前も残り40年と言われていました。「あれ、一生40年？」。そう、ずっと40年なのです。なぜかというと、減れば減るほど採掘コストが上がります。値上がった分だけ掘ることのできる場所も増えるし、単価が上がると需要が絞られます。つまり

40年は、「私たちが普通に気兼ねなく燃やせる価格で買い続けられるのは、あと何年なのか」という目安年数とも言えます。

もしアジアの国が
すべて先進国になったら

次に、需要サイドの事情を考えます。代表的な先進国の豊かさの尺度に、自動車の保有台数0.5台というものがあります。アメリカでもイギリスでも、日本でもドイツでも、大体2人に1台ぐらい、自動車を持っています。これが先進国の定義の一つです。

一方途上国の中国、インドには、人口が25億人ぐらいいます。彼らは現状、20～100人に1台しか車を持っていません。しかし、彼らも先進国になろうと頑張って働いて、稼いだお金で大量に車を買っています。なれるかなれないかは別として、もし彼らが私たちと同じ先進国になったとしたら、新たに10億台以上の車が必要となります。ちなみに現在、世界全体で約9億台の自動車があるといわれています。

エネルギーは減るほどに採掘コストが上がっていきます。もし、使う人たちが現在の倍以上に増えたとき、ガソリン1リッターあたりいくらで買えると思いますか。現在の120円を、「あの時は安かったね」と、来年か再来年、話す可能性は高いのではないでし

086　CHAPTER 1　高性能な家づくりに大切なこと

ょうか。いえ、5年後、リッター200円で、「ああ、昔は本当に安かったね」と言っているかもしれません。

エネルギー価格の将来予想をする場合、需要サイドと供給サイドのひっ迫性を考えると、価格は長期的には上昇し続けると考えるべきではないでしょうか。

	人口	保有台数（100万代）	人口あたり保有台数(台)
日本	1.3億人	60	0.46
アメリカ	3.1億人	126	0.41
イギリス	0.6億人	28	0.47
フランス	0.6億人	32	0.53
ドイツ	0.8億人	43	0.53
中国	13.7億人	72	0.05
インド	11.9億人	14	0.01

図01 世界各国の四輪乗用車保有台数
出展：世界の統計2015（総務省統計局）

高断熱化は未来への保険？

資源エネルギー庁の発表資料を見ると、今の電気料金は第1次・2次オイルショックのわずか10年の間に電気料金が2倍に跳ね上がっていたことが分かります。

今後第3次・第4次オイルショックが起きる可能性を考慮すると、長期的には現在よりも2倍の値上がりを想定しておくべきではないかと思います。もし、これから建てる家を普通の家にしてしまった場合、2倍＝50万円（30年分で最大1,500万円）、このぐらいのエネルギー支出を将来的には覚悟しなければならなくなるかもしれません。

こういった将来のエネルギー価格上昇リスクに備えるため、住宅の省エネ化が進んでいるヨーロッパ諸国では、住宅の高断熱化で保険をかけています。日本の家が諸外国の家と比較して明らかにペラペラな理由は、未来のエネルギー価格上昇リスクへの意識の差とも言えます。「年間50万円のエネルギーコストは払えないなー」。そう思う方は、住宅の省エネ性能を可能な限りアップグレードしておくことをお勧めいたします。

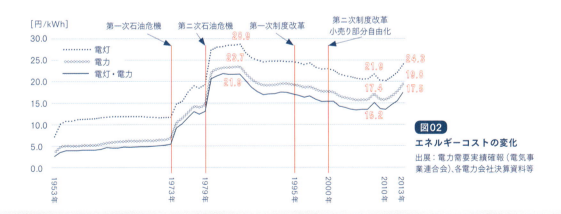

図02 エネルギーコストの変化
出展：電力需要実績確報（電気事業連合会）、各電力会社決算資料等

「高性能なエコハウス」こそ「地方創生」の切り札

快適に暮らすだけで
地域が潤う家

家を建てる方にとっては、「Ａ：普通の家」でも「Ｂ：低燃費な家（高性能なエコハウス）」でも、30年間の総支払額はあまり変わりません。ところが、あなたのお住まいの地域経済にとっては、Ｂを選ぶことは経済的に大きな意味があります。その理由は、ＡとＢとでは地域経済に循環するお金の量が大きく異なるからです。

石油王に貢ぐ？
それとも地域に貢献？

（図01）をご覧ください。前述の通り、一般的な次世代省エネぐらいのおうちを建てると、約30年間で750万円の光熱費が無条件で中央のエネルギー会社に吸い上げられます。そして、そのお金のほとんどが中央のエネルギー会社にとどまらず、中東などの化石燃料の原産国へほぼ一直線に流れていってしまいます。私たちの住む日本という国は、エネルギー資源に乏しい国です。そのため常に海外からエネルギーを輸入し続けなければなりません。

総務省の貿易統計によると、2014年1年間で私たちが普通に電気を使ったり、ガスを使ったり、さまざまな活動をした結果、海外から購入した化石燃料の総額は、約27.7兆円にのぼります。1世帯当たり約54万円ものお金をたった1年間のエネルギーコストとして消費しているのです。日本経済が停滞してしまうのもなずけます。せっかく、私たちが一生懸命働いて稼いだお金がどこぞの石油王のパーティーのテーブルに並ぶキャビアになっているかもしれない…そう考えたらとても寂しくなります。

図01　光熱費は中央の会社へ、原産国へ流れるだけ

一方、あなたが地域でＢの低燃費住宅（高性能なエコハウス）を購入したら何が変わるか？次に（図02）をご覧ください。

例えば、Ｂの家はＡの家に比べ、1/3の年間8万円の光熱費で暮らせるとします。その場合、750万円のうち、1/3の250万円は今までどおり化石燃料の原産国へ流れていきます。ただし、残りの2/3の500万円は、あなたが家を建てた地域周辺に流れていきます。あなたのおうちの高性能建材や、腕利き

次世代省エネ：
1999年に建設省により改正された日本の断熱化基準の通称。「H11基準」と表わすことも。

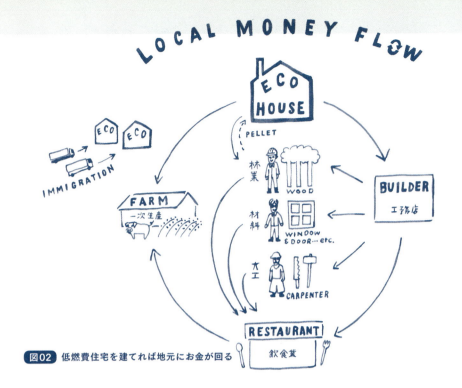

図02 低燃費住宅を建てれば地元にお金が回る

の職人さんの手間賃へと変わるのです。工務店さんや職人さんなどの建設業界の皆さんは、ほとんどが同じ地域で暮らす地元住民です。近隣で生活しているので、飲み食いし、お買い物をし、もちろん遊んだりもします。つまり、あなたの家づくりにかかわった人たちに支払われたお金は、彼らの生活費としてその大半が地元地域経済の中で循環します。

さようなら、石油王が儲かる家
こんにちは、地元みんなが潤う家

電気代やガス代として消費するより、建物代金にお金を回したほうが、地元の繁栄につながります。同じだけお金を使うのであれば、可能な限り地元にお金が流れるように買い物をする。これが地産地消の基本となる考え方で、日本人は昔から地産地消の考え方を持って生活してきました。つまり、あなたがしっかりと良質な住宅を建設する。そのアップグレード予算は、今まであまり意識せずに消費してきた電気代やガス代を削減することで捻出する。家づくりを通して、お金が地元に流れるように変えていく。そうすれば、地域経済は驚くほど強くなります。少なくとも外国のパーティーのキャビアになるようなお金の使い方では、地域経済は活性化しません。

いい家をつくって快適な生活をエンジョイしながら環境保護、そして地域経済を循環させること＝地方創生ができる。でも支払うお金は今まで通り。これってとっても賢いお金の使い方だと思いませんか？

地産地消：
地元で生産されたものを地元で消費すること。またそれを推進する動き。

未来の住宅の形、それが「ゼロエネルギーハウス」

燃費

Taiji Imaizumi

低予算でも
快適な家に住みたい

最近、Net Zero Energy House（ネット・ゼロ・エネルギー・ハウス）という新しい基準が誕生しました。このゼロエネルギーハウスは頭文字をとって略称ZEH（ゼッチ）といいます。国によるZEHの解説文によると「今後数十年～半世紀にわたり住宅分野における省エネを確保し、優良な住宅ストックを形成するためには、竣工後に抜本的改善が困難な躯体の高性能化が重要。そこで、省エネ基準を強化した高断熱基準をZEH基準として設定」とあります。つまり、ZEH基準として定められたUA値を満たし、大きめの太陽光発電を屋根に設置するのが日本の未来の家の姿であるとされています。

地域区分	1地域 旭川等	2地域 札幌等	3地域 盛岡等	4地域 仙台等	5地域 つくば等	6地域 東京等	7地域 鹿児島等
ZEH基準	0.4	0.4	0.5	0.6	0.6	0.6	0.6
省エネ基準	0.46	0.46	0.56	0.75	0.87	0.87	0.87

図01 外皮平均熱貫流率（UA値）の基準

　2020年には新築戸建て住宅の約半分はZEHにする、という目標を国は掲げています。みなさんも予算が許すのであれば、断熱性能はZEH基準以上とし、太陽光発電を屋根に載せることをお勧めします。ただし、予算が

どうしても合わず、ZEH断熱基準と太陽光発電のどちらの採用をあきらめなければならない場合には、お勧めの方法がありますので、ぜひ参考にしてください。

太陽光や給湯器などの設備機器は、
後回しのほうが安くなる。

どちらにしようか悩んだときには、どちらを先にやるべきかを考えましょう。

　もし仮に、5年前に新築住宅を建てていたらどうなるかを検証してみましょう。5年前、出力5kWの太陽光発電システムを購入していたとすると、当時は1kW当たりの単価で60万円ぐらいはしました。5kW×60万円＝300万円ぐらいはかかったと思います。

　では、もし5年前に「300万は高いな…もう少し待つか」と考えて、採用は見送ったとします。そして5年後の今、リフォームで同じ5kWを設置しようと考えたとします。今ならば単価はぐっと下がって35万円ぐらいになっていますので、5kW×35万円＝175万円で設置することができます。しかも5年前よりも高性能で保証期間の長い製品を。太陽光発電システムなどの設備機器は、技術革新のペースが速いので、後になればなるほど高性能で安価になります。そのため、設備機器は「資産」になりにくい消費財という側面も持っています。

ZEH（ゼッチ）：
Net Zero Energy House（ネット・ゼロ・エネルギー・ハウス）の略。外皮性能や省エネ性能を上げて年間消費エネルギーを少なくし、足りない分を太陽光発電などでまかなう住宅のこと。

UA値：
外皮平均熱貫流率。断熱性能を表す。（くわしくは54ページ）

壁や窓の高断熱化は、後回しにすると超が付くほど高くつく。

一方、高断熱化の場合はどうでしょう。同じく5年前に、ZEH基準レベルの高性能断熱材と樹脂サッシを採用したとします。おおむね100万円もかからずにアップグレードできるでしょう。

ではもし、100万円払うのがもったいないと考えて、普通の家を建ててしまったとします。直後に東日本大震災を経験したことで、エネルギー問題にも関心が高まりました。そこで、リフォームでZEH基準にしたいと考えた場合、おそらく300～400万円ほど断熱リフォーム費用がかかることになります。リフォーム工事は新築工事と異なり、今ある部位を手作業で壊し、新しい仕様で直し、同時に気密性も確保しなければなりません。施工が極めて難しいので、新築時の数倍もの手間がかかるからです。

設備機器とは違い、100％手作業となるため、断熱リフォーム工事は後になるほど高くついてしまいます。言い換えると、安定した再調達原価を担保できるので、資産価値になり易いといえます。

設備機器は資産価値が低く、断熱は資産価値が高い

設備機器中心の省エネ住宅は、建てた当時は最先端でも、数年経ったら「型落ち」になってしまいます。設備だけで省エネした場合は、瞬間的なエネルギー消費量では優等生ですが、資産価値的には劣等生です。だからこそ、寿命の長い建物自体の性能である断熱性能は必ず高めます。これが、グローバルスタンダードな省エネ対策のいろはです。住宅の資産価値を大切に考える諸外国では、断熱と設備機器が予算を取り合うなんてことはありえません。予算に限りがあるのであれば、必ず断熱性能を優先します。

もし、予算的にZEHが難しいのであれば、まずは断熱だけはZEH基準以上とし、その後価格下落のタイミングを見計らって太陽光発電システムをリフォームで取り付けることをお勧めします。そのほうが資産価値と費用対効果に優れた住宅投資となります。

	太陽光発電		高断熱化	
5年前に新築	300 万円	▼	100 万円	▲
今リフォーム	175 万円		400 万円	

図02 家電化は遅らせるほど安く、高断熱化は遅らせるほど高く

MEMO 1

これからのエネルギーと
ぴったりな家を考える

　原発がたくさん動いて夜間電力が安かった時代から、太陽光発電や風力発電など再生可能エネルギーの時代にシフトしようとしています。

　個人で導入しやすい再生可能エネルギーは太陽光発電です。ポイントは、太陽が出ている時間にのみ発電するところ。夏のエアコンとは相性抜群ですが、給湯と冬の暖房の使用時間帯は発電量のピークとズレてしまいます。

　今までと同じ性能の家、同じ性能と設備の家に住んでいればこのタイムラグは問題ですが、せっかく今から家を建てるなら、これからのエネルギーの性格にぴったりマッチするプランにすればいいのです。冬の暖房に使うエネルギーも「高性能なエコハウス」にすれば、冬の電力需要と供給のミスマッチはすぐに解決です。

　現在は、太陽光発電パネルをたくさん設置して、売電し、利益を得るという手法が経済的メリットもあり人気ですが、太陽光発電の割合が国内すべての発電量の40％になったドイツでは、売電価格が下がり、自分の家で創った電力は、売電せずに自分のところで消費したほうがよい、という流れになっています。このような状況になったとき、現状では蓄電池の性能が非常に低く、導入時のコストと消耗による買い替えのコストを考えると、たくさん発電、たくさん蓄熱、たくさん消費の家は、初期コストもランニングコストも高くつきます。

　よって、太陽光発電に投資をするよりも、家自体の性能をあげるほうが賢い選択と言えるでしょう。

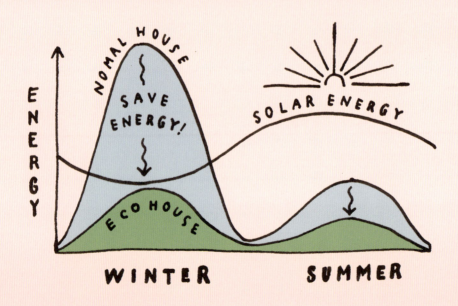

CHAPTER

2

美しく、
かっこいい家をつくろう

「高性能なエコハウス」がすばらしい。それはわかった。
でもそれってダサいんでしょ。間取りが自由にならないんでしょ。
その気持ち、わかります。
でも、エコはダサい、エコは不自由、という時代はもう終わりました。
むしろこれからはエコじゃないことがダサくて恥ずかしい。
省エネも快適も、美しさも——。
すべてを満たす高性能なエコハウスで、暮らしはどう変わるのか。
気鋭の建築家が事例とともに書き綴ります。

建築家

竹内昌義
Masayoshi Takeuchi

家の設計で
暮らしは変わる

東北芸術工科大学　教授
株式会社みかんぐみ　共同代表
東京工業大学工学部建築学科卒、同大学院建築学専攻修士修了。ワークステーション一級建築士事務所を経て、1995年長野放送会館設計競技当選を機にみかんぐみ共同設立。2001年より東北芸術工科大学にて教鞭をとる。代表作に「山形エコハウス」、「HOUSE-M」他。著書に『図解 エコハウス』（エクスナレッジムック）他。1962年神奈川県生まれ。

いま、そこにあるものを使う

ぼくが長年手がけてきた「リノベーション」と「エコハウス」が似ているところは「いま、そこにあるものを使う」ということ。何か特別な機械や設備を使うのではなく、屋根一面がギラギラした太陽光発電パネルに覆われるのでもなく、きちんと設計して太陽熱を上手く活用したり、地域の間伐材でお湯を沸かしたり部屋を温めたり。日本は森林が70％もあり、太陽もしっかり出る豊かな国。与えられたものを、いまある技術に置き換えてうまく使えば、何も汚すこともなく、自然をそのまま大事にして、暮らしていけます。木でエコハウスをつくることは、いまそこにあるものでという意味があるのです。

さて、家をつくる時に考えるのは、地元の木を使って、ただかっこいいだけのモノをつくる、ということではありません。どんな暮らしがそこで営まれるかを思い浮かべデザインします。家は背景で、住まい手のふるまいを邪魔しないように、シンプルに丁寧につくられればいいのではないかと思います。

「HOUSE M」の打ち合わせでは、リビングでくつろぐ時、どんな雰囲気で団欒されるかがテーマになりました。具体的にはテレビかストーブのどちらを中心におくかということで迷ってらっしゃいました。結果的にはストーブが真ん中となりましたが、大満足とのこと。「火を見ていると全く飽きない」とのお話でした。

薪ストーブといえば、大変な印象もあるかもしれませんが、高性能なエコハウスにすれば、1日中つけっぱなしにする必要はありません。家族の団欒タイムにつける程度でいいので、手軽に薪ライフを楽しめます。

「かっこいい」も「性能」も両立

性能を上げることによって、今まではできなかったデザインもできるようになります。たとえば、少ないエネルギーで家中一定の温度になるので、空間を遮断する必要がなくなり大きな部屋をつくれるようになります。エアコンも1台で済むように。たくさんの室外機をどう隠すか頭をかかえることもなくなりました。家はもっと自由に、もっとかっこよくなれる可能性を秘めています。環境的なことを考えるとデザインが制約されるというのは過去の話なのです。

せっかく家を建てるのですから、壁とドアで仕切られた個室ばかりの団欒がない家ではなく、家族の雰囲気が感じられて、でもプライバシーもあってというのが、理想でしょう。こういう間取りも高性能なエコハウスでは可能になります。スタイリッシュだけど暑い寒いのやせ我慢な家はかっこ悪いのです。

建築家の役割は美容師に似てる!?

建築家の役割は、美容師さんみたいなものです。「これにしてください」と切り抜きを持って行っても、全く同じにはなりませんよね。リクエストに応じるだけでなく、土地の特性、家族のライフスタイルなど、最終的なバランスを考えるのが、建築家の仕事です。だから、好みの合わない人に頼んではダメ。

「久木の家」の住まい手は家族みんなヨットが趣味。ぼくもヨット好き。外からお風呂に直接入れるといいな、とか、風向きや天気に合わせて風の調整を楽しんでくれるだろうな、とか、想像してプランを作っていきました。センスが似ている、大事にしたいことが近い建築家を見つけることが、とても大事です。そして、ちゃんと言いたいことを、想いを伝えてほしいです。それがいい家づくりへの近道です。

久木の家

建設地　　：神奈川県逗子市
延床面積　：93.06㎡
工法・構造：木造在来工法
竣工年月　：2011年
-
設計：みかんぐみ
施工：山幸建設
写真：伊藤菜衣子

Q値　：0.70 W/㎡・K
UA値：0.24 W/㎡K
C値　：0.5 ㎠/㎡
年間暖房負荷：17.50 kWh/㎡・年
年間冷房負荷：10.67 kWh/㎡・年

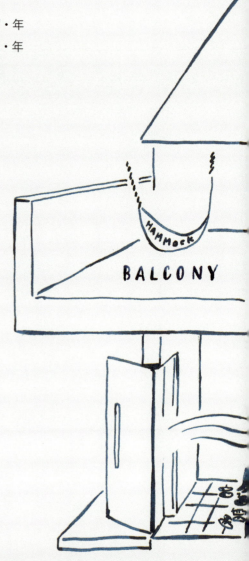

逗子市の住宅街の中に建つ「久木の家」。南側に住宅が建っていたので、日射取得をどうするかが大きなテーマでした。UA値0.24の高性能とすることで、冷暖房器具はエアコン1台のみ、2016年冬の稼働はわずか10日だったそう。曇りが続かない限り、暖房は不要。暑い時は窓の開け閉めで快適な状態を保ち、風が気持ちいいと開きます。ご家族でヨットに乗られていることもあって、気候に合わせて少しずつチューニングしながら生活することがとても楽しいそうです。

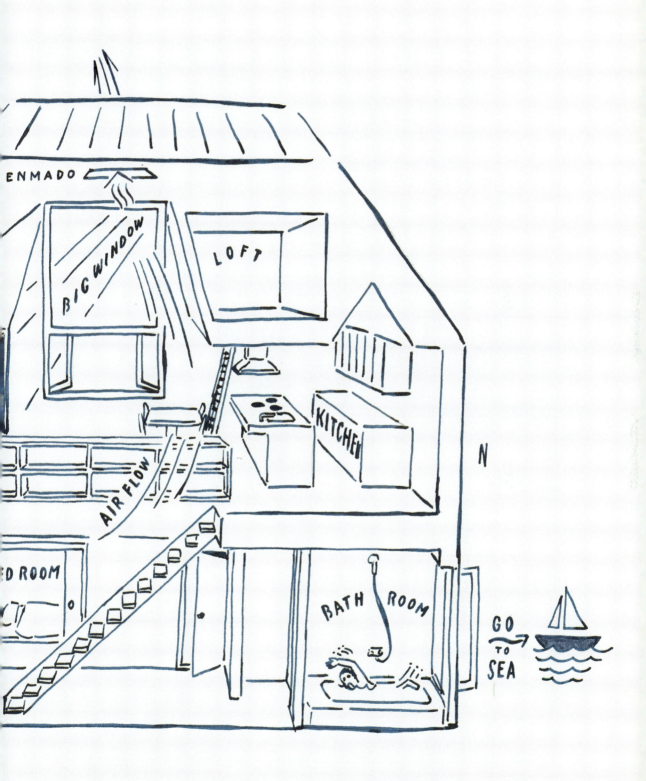

Hisagi no ie

夫婦共働きのクライアント。家を建て替えてからは、子どもとその友人たちがこの家で集まって宿題をしたり遊んだりしているそう。年中ほぼ冷暖房を使っていないので、子どもたちだけでも心配がないそうです。快適な家は子どもたちに大人気。家の前にはずらっと自転車が並び、公民館さながら。

098　CHAPTER 2　美しく、かっこいい家をつくろう

南側に住宅がある住宅密集地に立地する。そのため、リビングは2階に。太陽熱を取り込む大きな窓の大きなワンルームができた。勉強スペースも、お父さんの趣味のスペースも、全部このワンルームに凝縮されている。

Hisagi no ie

風通しがよく、とても気持ちがいい。夏は玄関からの風が階段上の天窓に抜ける。玄関横の部屋は子どもたちの寝室で、1階はその他に主寝室、洗面所、お手洗い、お風呂場、ウォークインクローゼット、納戸がある。

プライバシーに配慮しながらも、アウトドア的な要素を諦めない。デッキのハンモックでリラックス。取り合い必須の癒しスポット。

HOUSE M

建設地　　：山形県山形市
延床面積　：138㎡
工法・構造：木造在来工法
竣工年月　：2011年
-
設計：東北芸術工科大学
施工：三浦建築
写真：東北芸術工科大学

Q値　：0.87 W/㎡・K
UA値：0.20 W/㎡ K
C値　：0.44 ㎠/㎡
年間暖房負荷：34.83 kWh/㎡・年
年間冷房負荷：11.46 kWh/㎡・年

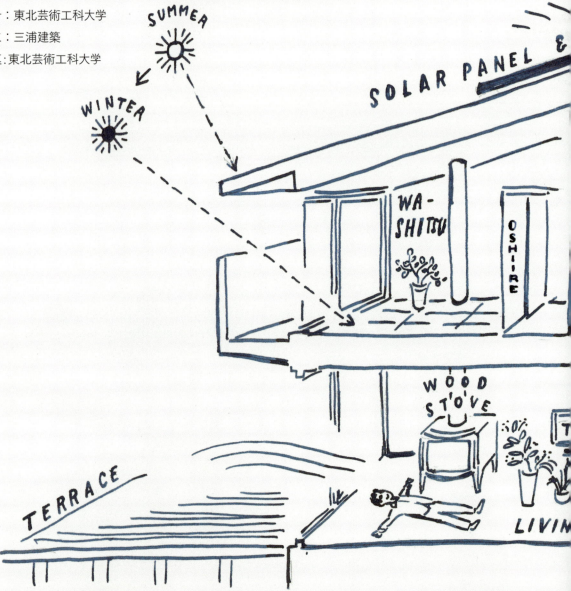

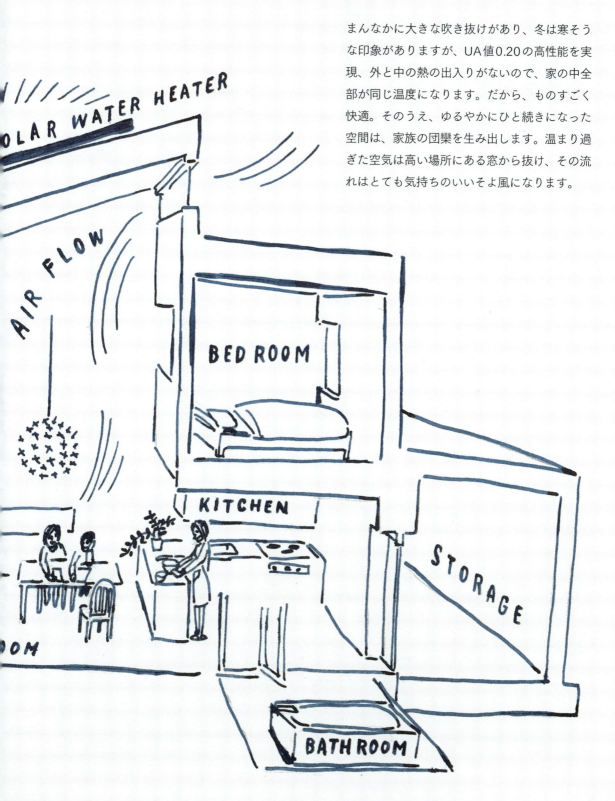

まんなかに大きな吹き抜けがあり、冬は寒そうな印象がありますが、UA値0.20の高性能を実現、外と中の熱の出入りがないので、家の中全部が同じ温度になります。だから、ものすごく快適。そのうえ、ゆるやかにひと続きになった空間は、家族の団欒を生み出します。温まり過ぎた空気は高い場所にある窓から抜け、その流れはとても気持ちのいいそよ風になります。

外壁はスギ板の素地仕上げ。

House M

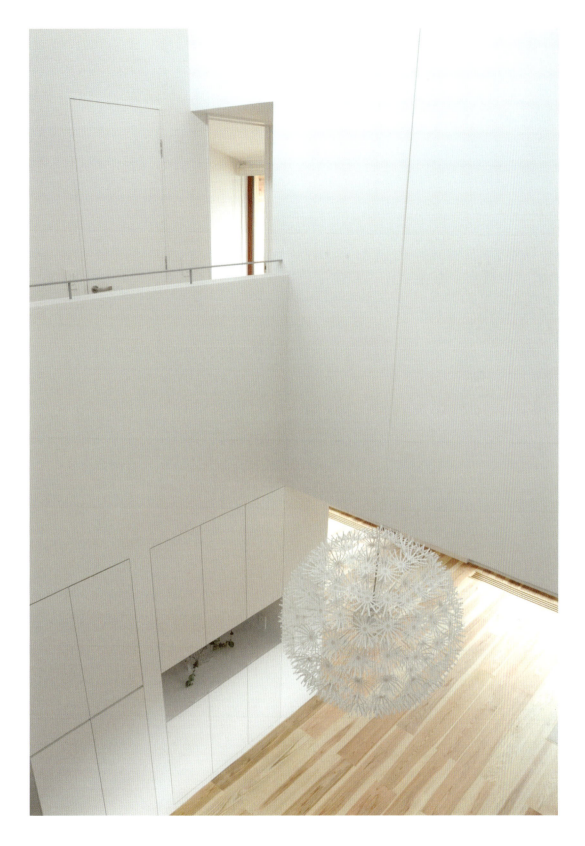

吹き抜けを通してゆるやかに全室がつながり、
家族の気配を常に感じることができる。

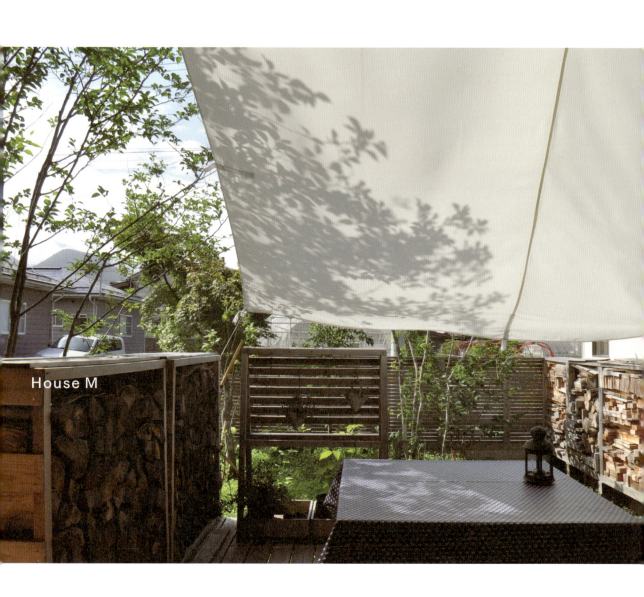

House M

テラスの薪棚。燃費が良いこの家では、
薪がなかなかなくならないそう。
この薪棚の薪で何年も足ります。

フローリングは杉材にし、蜜蝋ワックスを塗布した。
杉は柔らかく、椅子のキャスターの跡も付くけれど、
素足の感触が非常にいい。

House M

内部の壁は石膏ボードにペンキ仕上げ。訪問者は、インテリアや全体の雰囲気を「エコハウスっぽくない」と言うそう。高性能なエコハウスは、構造などにはそれなりの条件がありますが、内装は自由。

気密性能が高いので、外部の音が聞こえない。
なので、室内はいつも静か。

建築家
伊礼智
Satoshi Irei

高性能で美しい家を手に入れよう

有限会社伊礼智設計室　代表取締役
1982年琉球大学理工学部建設工学科卒業。1985年東京藝術大学美術学部建築科大学院修了後、丸谷博男+エーアンドエーを経て、1996年伊礼智設計室を開設。2006年「9坪の家」、2007年「町角の家」でエコビルド賞受賞。2013年に「i-works project」、2014年に「守谷の家」でグッドデザイン賞を受賞。『伊礼智の住宅設計作法』(新建新聞社)など著書多数。1959年 沖縄県生まれ。

小さな家のススメ

小さな家でいい……そう思う人が増えてきたように思います。

　無駄に大きな家に住みたくないと言い換えたほうがいいかもしれません。質を落として少しでも大きな家に住むよりも、小振りでいいので質の高い住まいのほうが豊かに暮らせるという「良識」が浸透しつつあるように思います。

　大きな家は掃除が大変、冷暖房費もかかる、税金も高いし……という現実に加えて、小さな家の方が「可愛らしい」という感覚もあるように思います（笑）。

　ちゃんと設計すると住まいは小さくまとめることができます。設計が下手なためにできた無駄な廊下、見栄のための必要以上に広い玄関、誰か来たとき泊まれるようにと用意した普段はほとんど使わない広い和室……設計力という魔法で、スリムで体脂肪率の低い、健康的な住まいに仕立て上げることができます。

　あえて小さく住むことで余った予算を、断熱性能を高めることに使う。体にいい素材を選び、外構や植栽にまわして外部と繋がる。広がりのある住まいもいい。一生、愛着の持てる家具を揃えてインテリアを充実させるのも幸せだと思います。

　今回紹介して頂いた「つむぐいえ」は延床面積（外物置、ガレージ含まず）が33.4坪、「くらしこの家」も4人家族で延床面積32坪（外物置、ガレージ含まず）と、地方の4人家族の住まいとしては小振りにまとめてあります。

　どちらも小さめに建てることで余った予算で建物の性能を高め、体にいい仕上げ材を使い、外部と繋がり、半戸外空間を楽しむ仕掛けを施しました。

　量より質が大事。小さく住む謙虚さと美徳がより浸透していくと、日本の住環境もよくなっていくことでしょう。

開口部が暮らしを豊かにする

10年ほど前になるでしょうか、哲学者の野矢茂樹さんと座談会でご一緒させて頂いたことがあります。その時のテーマは「それぞれの分野の豊かさの新基準」……。なんとも難しいテーマでした（笑）。

　座談会の中で、野矢さんに不意に投げかけられた一言は今でも忘れません。「設計って外部をどれだけ取り入れるかでしょ!!」……一瞬、はっとしましたが「設計」をひとことで言い切った名言だと僕は思っています。

　外部からは、癒される美しい景色、太陽の光や熱、風や匂い、音やコミュニケーションなど、様々なものがやってくる。そのなかで必要なものは取り入れて、必要でないものは取り入れないというのが設計でしょう!?という意味でした。野矢さんは、引きこもりの人間が豊かになれないのは外部をすべて拒否しているからだ、とおっしゃるのです。いいものはすべて外部からやってくるのに、それをすべて拒否していては豊かになれないと……。

　設計も同じです。外部からやってくる必要なものを取り入れ、必要でないものは取り入れない。それを住まい手が制御できることが設計であり、まさにそれは開口部の話だと思いました。開口部は住まいの豊かさを司る大事な場所なのです。

　僕は普段「開口部近傍に豊かさは宿る」と考えています。開口部、窓廻りが一番気持ちいいと思うのです。実際は温熱の変化が大きくて、体にいいとは言えないのかもしれませんが、だからこそ、その変化が僕は楽しい……。外部の変化、季節の変化を最前線で感じるのです。

　窓廻りにはまだまだ心地よさのためのデザインの可能性がたくさんある。開口部を考え設計することがデザインと性能を両立させる「要」であり、僕の設計のテーマでもあります。

くらしこの家

建設地：岐阜県揖斐郡
延床面積：115.95㎡（35.07坪）
工法・構造：木造在来工法
竣工年月：2015年3月
–
設計：伊礼智設計室
施工：DNA-Design
ランドスケープ：荻野寿也景観設計
写真：塚本浩史、伊礼智

Q値　：1.71 W/㎡K
UA値：0.54 W/㎡K
C値　：0.2 cm²/㎡

「くらしこの家」は岐阜の工務店・DNA-Designのモデルハウス。同社が目指す「家族でくつろぐことができる家」のために伊礼さんが採用したのがタタミリビング。家族それぞれが心地いいと感じる場所で、座ったり寝そべったり自由にくつろぐことができます。他にも心地よい居場所がそこかしこに。例えば、窓際に設けた、腰掛けられるちょっとした段差。太陽の温もりや風のそよぎを感じながら、景色を眺めたり本を読んだり。窓が高性能なら窓辺も心地よい場所に。心地よい居場所をいくつもつくると、家族は自然とそこに散らばっていきます。「ばらばらだけどいっしょ」という程良い距離感が生まれ、家族の関係も心地よくなる。これも伊礼さんの設計作法のひとつです。

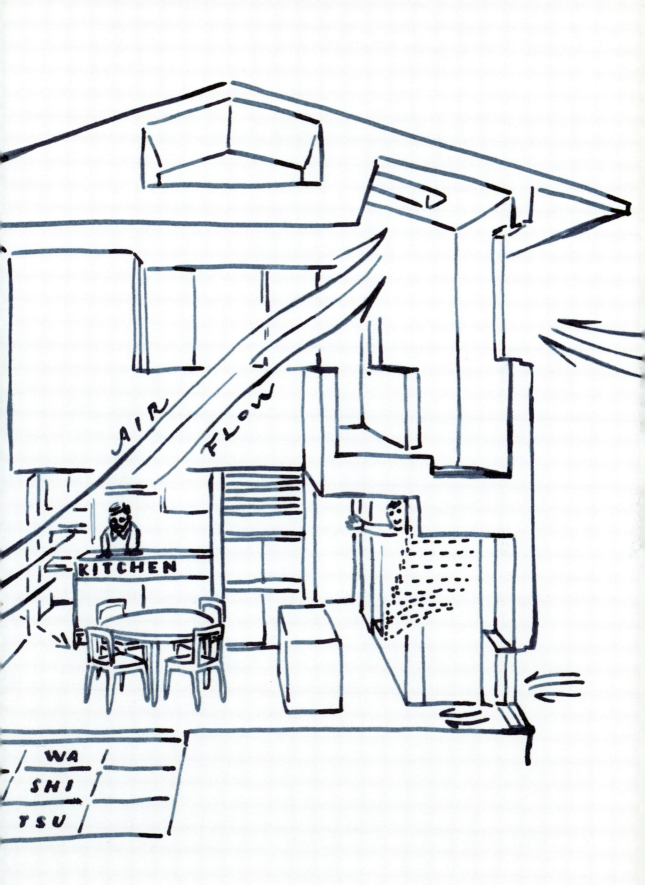

この家もそうですが、伊礼さんの外観デザインは不思議です。懐かしいようで新しい。和風のようで多国籍風。目立ちすぎないけれど記憶に残る。そんな佇まいの伊礼さんの家は誰からも嫌われず、長く愛着を持って住み継がれていくはず。最高のエコは長く使うこと。ずっと愛用される家は最高のエコハウスです。

clasico no ie

「くらしこの家」は小さな家ですが、寸法と動線が絶妙で狭く感じません。天井高を低く抑えた空間と吹き抜け空間のメリハリも効いています。性能が低いのに吹き抜けをつくると寒い家になりますが、この家では心配ありません。高性能化は身体のストレスを軽減し、いい設計は精神のストレスを軽減します。

縁側は昔から一番心地よい場所。人も猫も集まります。リビングに大きな窓をとり、その外側にデッキなどの縁側的半戸外空間を設け、その先に木々や植栽を植えてウチとソトとそのあいだを楽しみ尽くす。そんな設計も伊礼さんの作法です。窓の性能が低いと大きな窓ほど暑くて寒くなる。窓の性能も大事です。

clasico no ie

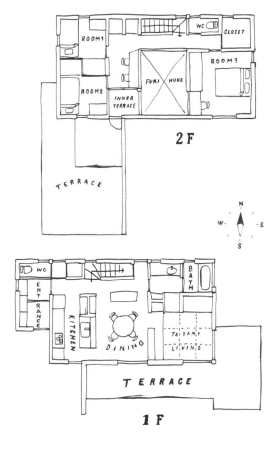

タタミは湿気が多く暑くて寒い日本の気候風土が生んだ、機能的で美しい伝統床材。夏でも冬でも快適にくつろぐことができます。タタミリビングの一端には天井高を抑えたこもり感のあるソファスペースを併設、ゆったり足を伸ばして座ったり、寝そべったりできます。

つむぐいえ

建設地：長野県松本市　　Q値　：1.24W/m²K
延床面積：168.21㎡（50.89坪）　UA値：0.49 W/m²K
工法・構造：木造在来工法　　C値　：0.42cm²/m²
竣工年月：2015年1月
-
設計：伊礼智設計室
施工：国興
ランドスケープ：荻野寿也景観設計
写真：西川公朗

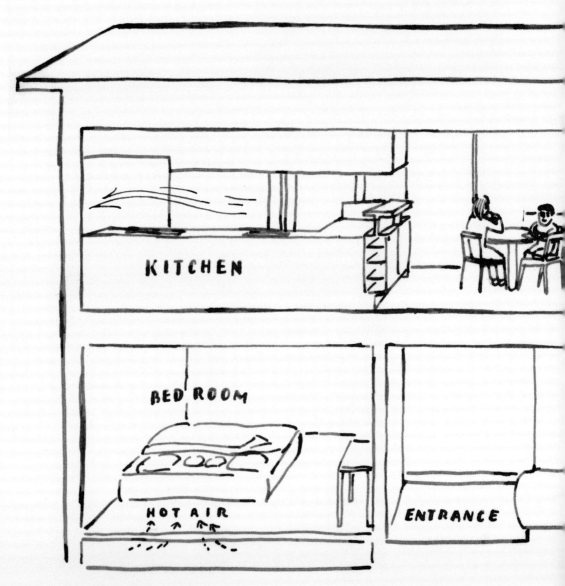

CHAPTER 2　美しく、かっこいい家をつくろう

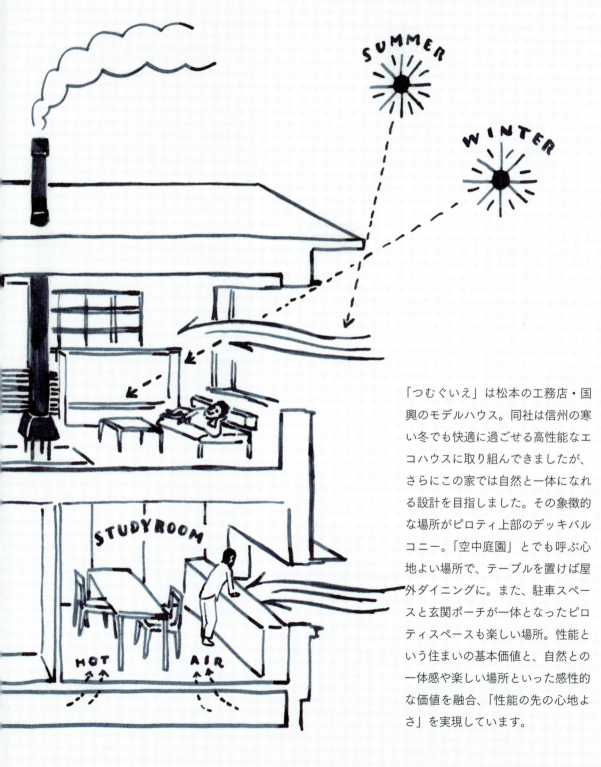

「つむぐいえ」は松本の工務店・国興のモデルハウス。同社は信州の寒い冬でも快適に過ごせる高性能なエコハウスに取り組んできましたが、さらにこの家では自然と一体になれる設計を目指しました。その象徴的な場所がピロティ上部のデッキバルコニー。「空中庭園」とでも呼ぶ心地よい場所で、テーブルを置けば屋外ダイニングに。また、駐車スペースと玄関ポーチが一体となったピロティスペースも楽しい場所。性能という住まいの基本価値と、自然との一体感や楽しい場所といった感性的な価値を融合、「性能の先の心地よさ」を実現しています。

「つむぐいえ」は最高のロケーションにあります。遠くにアルプスなどの山々を望み、近くの神社の林を感じることができる。この環境と一体になれるよう雑木の杜を再現した庭を設けました。担当したのは伊礼さんのパートナー・人気造園家の荻野寿也さん（「くらしこの家」も担当）。プライバシーに配慮しながら外に、近隣に開く、また借景を上手に生かす植栽計画です。

Tsumugu ie

CHAPTER 2　美しく、かっこいい家をつくろう

窓は風景を切り取る額縁でもあります。時間・季節で移りゆく豊かな田園風景は美しい絵画になる。最高の場所に最適な窓をとることで景色を楽しみ、光や風などいいものだけを取り入れる。見たくないものは見えないようにする。これも伊礼さんの設計作法のひとつです。

Tsumugu ie

1台で家全体が暖まる薪ストーブの炎を囲みなが
ら、家族が思い思いに静かにくつろいだり、気
の置けない友人を招いてにぎやかに過ごすのも、
この家ならではの冬の楽しみ方。

「つむぐいえ」には壁の外側から断熱材で包む外張り断熱工法と独自の省エネ換気システムを採用、厳しい信州の冬を快適に過ごせる断熱・気密性能を確保しています。製材業をグループ会社にもつことから木にこだわる同社。この家には木の繊維を使った呼吸する断熱材を採用したほか、内装にも木をセンスよくふんだんに使いました。

Tsumugu ie

こあがりのようなタタミスペース。こもるのにちょうどいい場所。最高の景色を眺めながら寝転んで読書をしたり、趣味のことをしたり、晩酌したり。洗濯物をたたんだりといった家事もここで。

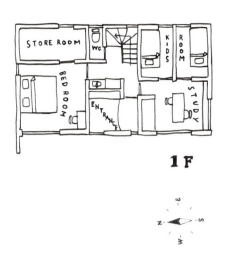
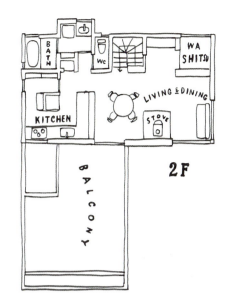

右の写真はガレージと玄関ポーチを一体化したピロティの多目的スペース。愛車をいじったりDIYを楽しんだり。下の写真はピロティの上に設けた「空中庭園」的デッキバルコニー。写真で見るより広々としたスペースで、プライバシーを気にせず、太陽と風、空と景色を楽しめます。

125

MEMO 2

夏の太陽と上手に付き合おう

魔法瓶の水筒をイメージしてください。アイスコーヒーを入れれば冷たいまま、ホットコーヒーを入れれば暖かいまま。もちろん少しずつぬるくなったり、冷めたりはするけれど、その変化はとってもゆるやかです。「高性能なエコハウス」の涼しさと暖かさも、これと同じ原理です。

夏：なるべく熱を入れないで、涼しいままを保つ。
冬：なるべく暖かい熱を取り込んで、暖かさを逃がさない。

夏のポイントは、とにかく熱を入れないこと。
ということで、夏の工夫を比べてみました。

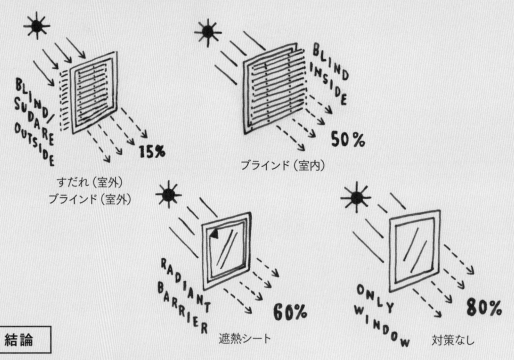

すだれ（室外）
ブラインド（室外） 15%
ブラインド（室内） 50%
遮熱シート 60%
対策なし 80%

結論

夏の太陽は家の外で防ごう。
昔ながらの家の工夫「すだれ」は効果抜群。
外付けブラインドが最も便利で効果的ですが、ちょっと値段が高い。
東西南の軒にすだれをかけるためのフックを用意しておくといいでしょう。

CHAPTER

3

みんなが
幸せになる家をつくろう

家族みんなで幸せになろう。

仕切りが少ない開放的な家で、家族の気配を感じながら、

ペレットストーブの炎に癒されながら、

健やかに、穏やかに、心豊かに暮らそう。

そんな暮らしをしていると、世界のみんなも幸せになる──。

ドイツとアイルランドの設計事務所で腕を磨いた建築家による

未来と世界の人々を見据えた家づくり。

最先端の事例とともに紹介します。

太陽と風に素直な家

建築家
森 みわ　Miwa Mori

一級建築士事務所キーアーキテクツ株式会社 代表取締役
一般社団法人パッシブハウス・ジャパン 代表理事
横浜国立大学で建築を学んだのち、ドイツのシュトゥットガルトで大学院修士修了、ドイツ・アイルランドの建築事務所にて省エネ施設やパッシブハウスの建築プロジェクトに携わる。2009年3月に帰国。鎌倉市に設計事務所キーアーキテクツを設立する。同年8月にはドイツ発祥省エネ基準「パッシブハウス」を日本で初めて建築。2010年より東北芸術工科大学客員教授。1977年 東京生まれ。

高性能な家はメリットがたくさん

温熱性能を高めると隅々まであったかくなり、間取りが開放的になります。夏でも冬でも家の隅々まで使えるようになったり、窓辺が年中お気に入りの場所になったりもあたりまえ。

　子どもが風邪をひいてもこじらすことがなくなったり、冬の朝に布団から出るのが苦でなくなったりという暮らしの変化も。結露とも無縁なので、冬に浴室の扉をあけっぱなして湯船のお湯で家の中を加湿すれば、お肌の調子もいい。季節の変わり目のストーブや布団の出し入れもなくなり、荷物が減ってクローゼットがスカスカ、なんてことも。しっかり断熱材でくるまれた隙間のない家は遮音性が高く、夜の静けさに癒されます。

　お子さんが生まれつきぜんそくで、しょっちゅう入院していた、あるお施主さん。高性能なエコハウスに引っ越してからは発作が起きなくなり、空気清浄機や加湿器の出番もなくなった

そうです。それだけでもいいお話なのですが、建てるとき、これ以上産まないからと、子ども部屋は小さくしたんです。ところが子どものぜんそくがよくなったら奥さんも楽になって、色々なことがうまく回るようになって、1〜2年経ったら「3人目が生まれます」と。また別のご夫婦も「子宝には恵まれないんです」と、コンパクトな家を建てられたあとに、子どもが生まれたことも。最初と話が違うので家は狭くないかなとか気になっちゃうのですが、そういうことが起きる家って素敵だな、って思います。

一軒家なのに夏も冬も
6畳用エアコンで快適

今回紹介するのは富山県黒部市に建つ「前沢パッシブハウス」です。北陸は日射が少ない地域なので、これまでパッシブデザインには向かないと言われてきました。南の窓から冬の日射など入らないと思いこんでしまった工務店の方もいるほどです。しかし窓から熱が逃げるのか、はたまた入ってくるのかは、選んだ窓の性能次第。今回は国産の樹脂窓の中でも一番性能が高いものを採用した結果、南の窓から冬の日射エネルギーを取り込めるようになりました。前沢パッシブハウスでは、42坪の家を6畳用エアコン1台で冷暖房しています。環境大国のドイツで一番厳しい住宅の省エネ基準「パッシブハウス」の認定を受けました。

高性能な窓が
暮らしかたに変化をもたらす

窓の性能が高いことが絶対条件ですが、大きな窓を南側に配置すると省エネになるだけでなく、視界が外の空間へと広がり、自然や季節感を楽しむことができます。

温熱性能を高めると、ライフスタイルが変わっていくのが分かるので、それを見越したデザインを心がけるようにしています。たとえば、真冬でも窓辺で雪景色を楽しみながら快適に本を読んだりできるようになるのです。

夏も冬も、
家の隅々まで快適

以前私が「鎌倉パッシブハウス」を設計した際、外壁の厚い断熱材が占める面積を足すとおよそ1坪分になり、坪100万円の土地でそんなことをするなんてもったいない、とおっしゃる建築評論家の方がいました。けれども、三重ガラスサッシと厚い断熱材のおかげで、窓辺も年中快適になり、1年を通じて小さな家を隅々まで有効活用できて、1坪の断熱材以上のメリットだと住まい手に喜んでもらえました。

家族の距離感がちょうどいい

前沢パッシブハウスは、どこまでも空間が繋がっていくような伸び伸びとしたプランとなりました。どこまでも繋がっているので冷暖房にそんなにお金をかけなくてもいい。家族それぞれが自分の居場所をどこかに見つけながら、それでも家族の気配がなんとなく分かってる。それって凄く重要なことだと思います。

唯一の悩みは…

どんな高級旅館に泊まっても、わが家のほうが快適で帰りたくなるという新たな悩みは覚悟していただかないとですが、決して出不精になるということではなくて、逆に外の季節感が以前よりも楽しめると、たくさんの住まい手が証言しています。

前沢パッシブハウス

建設地　　：　富山県黒部市
延床面積　：　139.11㎡（42.15坪）
工法・構造：　木造在来工法
竣工年月　：　2015年11月
-
設計：キーアーキテクツ
施工：カネタ建設
写真：齋藤貞幸

Q値　：0.86 W/㎡K
UA値：0.19 W/㎡K
C値　：0.1 c㎡/㎡
年間暖房負荷：15 kWh/㎡・年

130　　CHAPTER 3　みんなが幸せになる家をつくろう

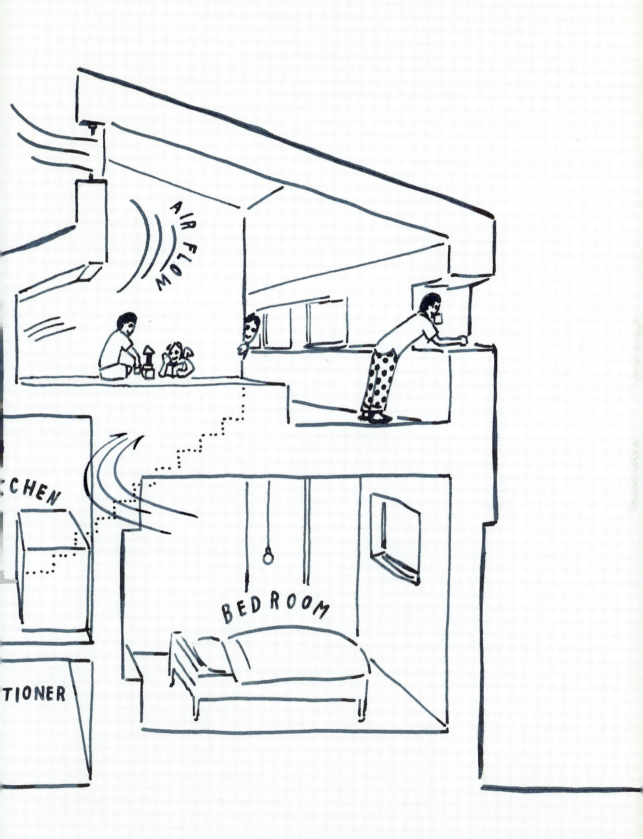

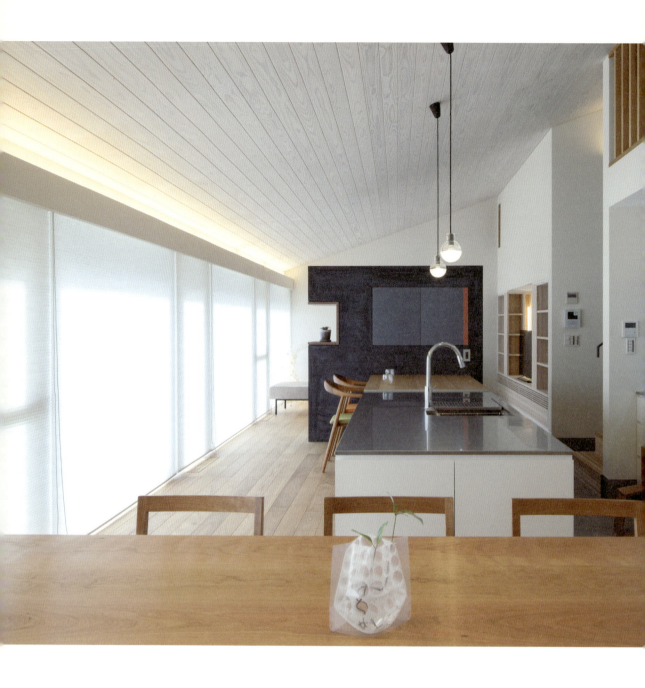

1.5階のダイニングとキッチン。その奥にはリビングがあり、すべて仕切られることなくひと続きの空間になっている。

CHAPTER 3　みんなが幸せになる家をつくろう

日本で初めて国内メーカーの窓を使ってつくられたパッシブハウス。樹脂サッシに三重ガラスの「APW430」を使用。日射取得量が多く、冬にたくさんの太陽熱を家に取り込むことができる。

6畳用エアコン1台で暖房が賄える家ではあるが、それでも火を囲みたい。そんなニーズに応えて、煙突がいらないバイオエタノールストーブを導入しました。

134　CHAPTER 3　みんなが幸せになる家をつくろう

フロアごとの仕切りもなく、家全体がゆるやかに繋がる。テーブル下のスリットからは床下に設置したエアコンの空気が出てくる。

日射の少ない北陸で、このような大開口がつくれるようになったのは、窓の性能が上がったから。

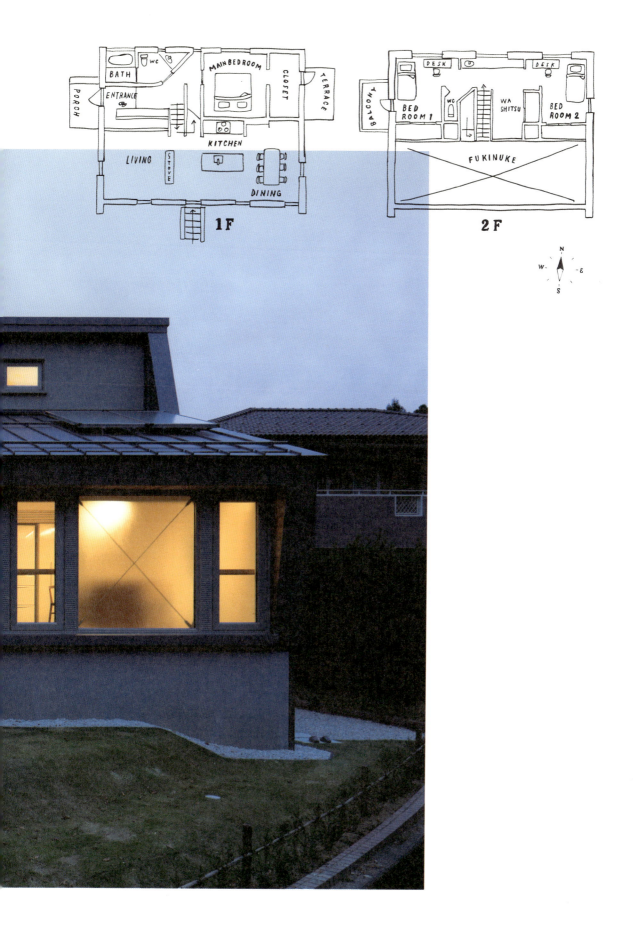

家づくりは誰のため？

"家づくりの教科書"と称するこの本を手に取って読んでみたら、高性能なエコハウスのことしか書かれていない、と驚くかも。高性能な家って、地震に強い家とか、雨漏りしない家とかじゃないの？省エネルギーって、高性能のポイントの一つに過ぎないじゃないか。そう感じたかもしれません。でも、一つ根本的に違うこと、大事なことがあると私は思います。それは、誰のための家づくりか、ということ。

家づくりは地球の裏側と
つながっている!?

長持ちする高性能なエコハウスを建てれば次世代に受け継ぐことができます。自分が建てた自慢の家、末永く自分の子孫の資産として残したい。将来その家をやむなく売却するようなことがあった時、できるだけ値打ちが付くようにしたい。そのための高性能な家…。あれ、ちょっと待ってください。それ、自分たち家族のことしか考えていないような…？

では化石燃料に依存せずに暮らせる環境負荷のとっても小さいエコハウスは誰のために建てるのでしょう？もちろん本書で他の先生たちが提示したように、家族にとってもたくさんメリットがありますが、私は、地球の裏側に暮らす、きっと私たちが生涯出会うことはないであろう人々のためだと思っています。

いまの暮らしを続けるために地球が5つ必要

現在、私たちが毎日行っている資源の浪費が続く限りは、地球が5つないとみんながある程度の暮らしの水準を保って生きていくことができないと言われています。でも地球は一つしかない。そのような状況で、5分の4の人々は、どうなってしまうのでしょうか。貧しい人たちは、異常気象の影響を受けやすく、作物が不作だったり、洪水で家を奪われたりしたら、ひとたまりもありません。石油などの資源の奪い合いによる内戦に巻き込まれることもあります。

今すでに貧しい人たちはますます貧しくなったり難民化したりするでしょう。今かろうじて学校に通えている貧しい家の子どもたちが、労働を強いられることになるでしょう。教育の機会を奪われた若者たちには、身売りされたり、少年兵として訓練を受けたりする運命が待ち構えているかもしれません。

このような悪循環とあなたの家づくりは、実は切っても切り離せません。一つしかない地球上で皆が幸せに暮らせるように、エネルギー効率5倍の社会づくりのために、独りよがりの家、家族のためだけの家ではなく、地球の裏側に住む人々にも「建ててくれてありがとう」と言ってもらえるエシカルな家づくりを推奨します。そうすると、あなたの家づくりが社会貢献になる。地球の裏側ともメリットをシェアできる、犠牲を生まない豊かさを実現できる、そんな家づくりです。

エゴなのにエコも、エコだけどエゴも

だからといって、あなたが欲望をすべてガマンする必要もありません。あなたも快適に、健康に、豊かに暮らす方法があります。たくさん発電してたくさん電気を使うメカメカしい家ではなく、家自体の断熱性能が高くエネルギーを少ししか使わない高性能なエコハウスを建てること。社会に貢献できるだけでなく"快適"や"健康"という、エゴな望みも同時に叶えてくれる。

そう、一度で二度おいしい。エゴハウスをつくっているつもりだったのに実は筋金入りのエコハウスだった！なんて驚きがあるのが、高性能なエコハウスのニクイところ。もちろん逆のパターンもあって、世のため人のため、とにかく地球環境に優しいエコハウスをつくっているはずが、その快適さに大そう驚いてしまった、そんな住まい手も過去にいらっしゃいました。

これからのエネルギー、これからの冷暖房と給湯

最後に私が設計した「House H」を紹介したいと思います。こちらの家も年間暖房負荷30kWh/㎡・年程度という高性能なエコハウスです。

この家は晴れている日にはベランダに置いている太陽熱温水器でお湯をつくります。曇っている日や寒い日にはイタリア製のペレットストーブを点火。暖房のついでに4人家族のお風呂や暖房に必要なお湯をつくってくれます。ほとんどのケースで、お湯は再生可能エネルギーでつくることができるため、ガス給湯器はただの湯張り機能付きリモコンも同然なのです。

太陽熱温水器やペレットストーブなどの設備がもたらす楽しいライフスタイルが住まい手のさらなる癒しとなり得るという点で、とてもオススメです。今日はどれくらいお湯が取れてるかな？なんてワクワクしながら帰宅したり。晴れ予報の日はいつもより得した気分になれたり。太陽熱が使いきれなくて、足湯をしたり。そう、再生可能エネルギーをふんだんに取り入れたエコハウスは楽しい。

エゴハウスとエコハウスの分岐点

気になる導入コストですが、残念ながら現時点ではオール電化住宅には敵いません。でも温熱性能が十分に高まっている家なら、ランニングコストは以前よりも少ないはず。これで快適なエゴハウスは真のエコハウスに昇格できます。

初期投資はミニマムではないけれど、暮らし始めてからは化石燃料の使用量をぐっと減らせるだけでなく、地産地消のエネルギーという安心を買えるのですから、費用対効果は抜群、と言えるのではないでしょうか？

地産地消がもたらす
快適と便利

今日も自宅から自転車で5分のところにある事務所で、仕事の合間に賄いを作っています。ここは賃貸ですが、断熱改修で温熱性能を高めた古民家。ペレットストーブが床暖房をこなすユニークな設備設計ですが、なんと言っても一番の自慢は、太陽熱とペレットストーブが水道水を90度近くまで加熱してくれるので、パスタを茹でる時のガスの仕事は最後の10度分だけ。

あ、もうじき子供が学校から帰ってくるので、仕事はここでいったん中断。家族が寝静まったら、また自宅で業務を再開することにします。

そんな子育て真っ最中の女性建築家目線で、この第3章を書かせて頂きました。何かが皆さんの家づくりのヒントになることを願って。

House H

滋賀県
2016年竣工
設計:キーアーキテクツ
施工:夏見工務店
-
詳しくは http://www.key-architects.com/
project/滋賀-h邸/

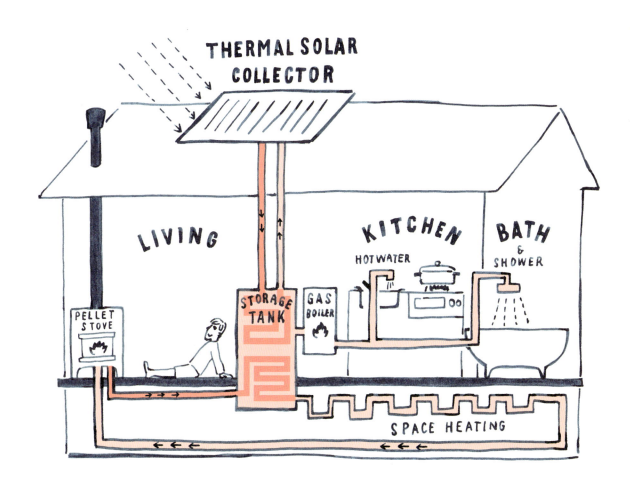

COLUMN

「高性能なエコハウス」を手に入れたくなったら

プロだからといって、誰もが建てられるわけではない「高性能なエコハウス」。
この家を確実に手に入れるための、大事なポイントをまとめました。

COLUMN 1　見てみよう、測ってみよう、家の温度
COLUMN 2　「高性能」ってどれくらい？
COLUMN 3　「高性能なエコハウス」は誰に頼んだらいいのか
COLUMN 4　もっと知りたい オススメ図書

はじめに／COLUMN執筆

三浦祐成
Yusei Miura

住宅ジャーナリスト／株式会社 新建新聞社 社長
信州大学人文学部卒業後、長野市に本社を置く株式会社新建新聞社に入社。住宅専門紙「新建ハウジング」の立ち上げから記者を担当、同紙編集長を経て同社代表取締役社長。ポリシーは「変えよう！ニッポンの家づくり」。執筆や講演を通して住宅業界の変革を訴え続けている。1972年山形県生まれ。

MEMO執筆／全体編集

伊藤菜衣子
Saiko Ito

クリエイティブディレクター／暮らしかた冒険家
暮らしにまつわる常識を作り直すための広告、編集、映画制作などを手がける。「君たちの暮らしはアートだ」と、坂本龍一ゲストディレクターに指名を受け、札幌国際芸術祭2014にて「hey, sapporo」プロジェクトを発表。現在、築30年の自邸を断熱改修中。1983年北海道生まれ、神奈川県育ち。

COLUMN 1

見てみよう、測ってみよう、家の温度

どんなに見た目が素敵な家でも「快適かどうか」までは、素人にはわかりませんでした。でも今は、肉眼では見えない温度を「見える化」できる赤外線カメラがあります。まずは家の温度、測ってみましょう。

赤外線カメラユニット：FLIR ONE
¥32,400＋税

赤外線カメラ、高級で手に入らないモノって思っていませんか？スマホにつけられるタイプが3万円台であるんです。人生で一番高い買い物をする前に、ぜひ、このカメラであらゆる温度ムラを観察してみてください。

正しい使い方

設定マーク ⚙ →「スパンをロック」

「スパンをロック」することで、温度の基準点を揃えます。いくつかの物件や状況を公平に見るためには、マストなモードです。

赤外線カメラはそもそも温度差を測るものなので、温度の1番低いところを青く、高いところを赤くします。スパンをロックしない場合、温度の高低差が5度でも、20度でも、青いところも赤いところも出てしまいます。
ガラスの温度は天井・床・壁など周りの環境が写り込んだ温度で、正確には測れない。外気温の変化で温度ムラが異なります。

表面温度でわかる体感温度

体感温度＝（外皮の表面温度＋室温）÷2

空気温度＝体感温度ではありません。同じ室温でも、断熱性能が低く壁・床・天井（外皮）の表面温度が低いと暖かく感じられないのです。表面温度を測って、体感温度を想像してみよう。

「高性能なエコハウス」ではないオフィスで、本書をデザインするデザイナーとパソコン（札幌 7月 外気温31度 室温29度）

図01 室温・表面温度と体感温度
出典：自立循環型住宅への設計ガイドライン

まとめ

これまで「快適な環境」は「見えない」がゆえに、家をつくるときに重要視されることはありませんでした。さて、見えるようになった今、あなたはどんな家を選びますか？

もっと手頃に測りたい
赤外線放射温度計は2,000円台からあります。画像にはなりませんが、気になる箇所の表面温度をレーザーポインターのように当てて測ることができます。

COLUMN 2

「高性能」ってどれくらい？

エアコン1台で快適になる性能レベルとは

年間暖房負荷30〜50kWh/㎡・年を実現すると、40坪（132㎡）くらいの家で、各階に6〜8畳用ルームエアコン1台で、温度ムラのない快適な住環境が手に入ります。自宅の性能や事業者選びの一つの目安に。

Ⓐ 第一種換気を使用した場合。熱交換機能がついており、冬は暖気を逃がさずに、夏は冷気を逃がさないようにしながら、綺麗な空気を入れる、熱効率が優れた換気システムです。

Ⓑ 第三種換気を使用した場合。換気機能に特化したシンプルなシステムです。第一種換気と異なり熱のコントロールは行わないため、第一種換気の場合よりも家自体により高い性能が求められます。

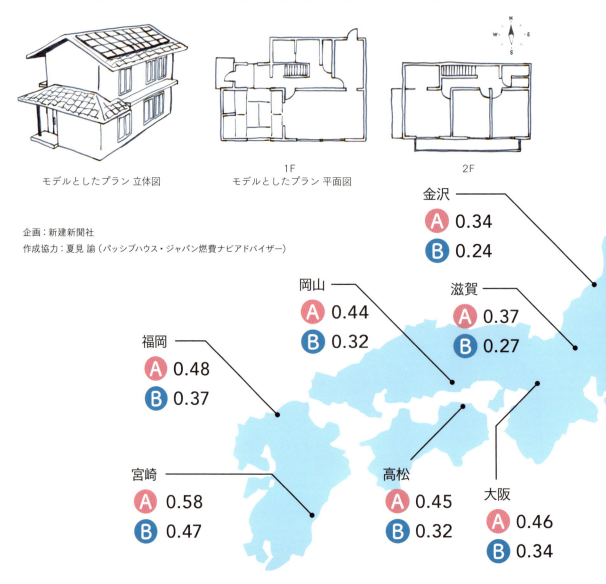

モデルとしたプラン 立体図　　1F モデルとしたプラン 平面図　　2F

企画：新建新聞社
作成協力：夏見 諭（パッシブハウス・ジャパン燃費ナビアドバイザー）

金沢
Ⓐ 0.34
Ⓑ 0.24

岡山
Ⓐ 0.44
Ⓑ 0.32

滋賀
Ⓐ 0.37
Ⓑ 0.27

福岡
Ⓐ 0.48
Ⓑ 0.37

宮崎
Ⓐ 0.58
Ⓑ 0.47

高松
Ⓐ 0.45
Ⓑ 0.32

大阪
Ⓐ 0.46
Ⓑ 0.34

UA値 全国MAP

国土交通省の断熱性能基準である UA値に換算すると…？

地域の気候や土地の条件、間取りなど、あらゆる条件を加味した家の性能の目安が「年間暖房負荷」ですが、本書がオススメする30kWh/㎡・年の高性能は、国土交通省が断熱性能基準とする「外皮平均熱貫流率（UA値）」に換算するとどうなるでしょうか？

周りに建物ひとつ立っていない草原のような場所に、南面に大きな窓、夏の日差しを遮る大きな軒もある。太陽と風に素直に設計した、これ以上ない好条件の建物で、年間暖房負荷30kWh/㎡・年になるように12都市でUA値をシミュレーションしました。

札幌　Ⓐ 0.23　Ⓑ 0.14
盛岡　Ⓐ 0.25　Ⓑ 0.16
仙台　Ⓐ 0.31　Ⓑ 0.22
長野　Ⓐ 0.29　Ⓑ 0.19
東京　Ⓐ 0.47　Ⓑ 0.35

UA値とは：
外皮平均熱貫流率（W/㎡・K）の略称。
換気は含まない、外壁・床・天井・屋根・窓などの面を貫通して逃げる熱を、外皮面積で割ったもの。

条件
・建もの燃費ナビの"燃費ナビ基準"を使って試算
・間取りは国交省の『自立循環型住宅への設計ガイドライン』参照住宅モデルを使用
・建物のC値は1.0 ㎠/㎡で統一
・建物の蓄熱性能は一般的な木造住宅を想定
・開口部の日射取得率は50％で固定
・冷房負荷低減のため、北面以外の窓には日射遮蔽の対策をしているものとする
・第一種換気の熱交換効率は85％（顕熱）で試算

注意　※あくまで参考値としてご活用下さい
・家の性能は、断熱性能(UA値)と気密性能（C値）で決まるためC値が変わると、UA値も変動します
・距離が近くても、気候が異なる場合は数値が異なります
・間取りや土地の条件により、数値は変わります

コラム　高性能なエコハウスを手に入れたくなったら

COLUMN 3
「高性能なエコハウス」は誰に頼んだらいいのか

新しい家づくり、誰もが「高性能なエコハウス」を
つくれるわけではありません。
信頼できる事業者の見極めが、もっとも重要です。

①工務店

地元密着型の建築会社で、社長＋社員2〜3人という小さな会社から社員100人以上の大きな会社まで規模も、そして得意分野も様々です。技術力が高い会社も多く、高性能なエコハウスの依頼先としては第一候補と言えるでしょう。

②ハウスメーカー

全国で事業を展開している大企業です。サービス・品質とも安定していますが、下請け会社や代理店が施工していることも少なくありません。ほとんどのハウスメーカーがエコハウスを商品化していますが、高性能なのは一部です。

③設計事務所

設計事務所＝建築家で、細部まで考えられたデザイン性の高い家にしたいなら第一候補になります。設計事務所は基本的に設計と管理(監理)のみ行い、施工は工務店やゼネコンが行います。その施工代金に加え、10％超の設計料が必要になります。

どうして工務店がいいの？
地元の工務店をお勧めする合理的な理由

ハウスメーカーの家は量産品で、工場で組み立てる場合は特に自由度が制限されます。工務店の家は、顧客に合わせて丁寧に手づくりする一品生産品です。また総じて、ハウスメーカーの家よりも工務店の家のほうがリーズナブルです。企業規模が大きくなるほど家を量産するためにテレビCMやモデルハウスなどにお金をかけて販促を行いますが、そのコストは住宅価格に上乗せされ、顧客が支払っています。販促コストや利益を抑えて経営できる工務店の原価率は総じて高い。言い換えれば価格の大半は顧客のために使われます。全国規模の大企業で家を建てると、顧客が払ったお金の大半は地元ではなく本社のある東京や大阪に落ちます。工務店で家を建てると、そのお金の多くは地元に落ちて地元の経済を潤します。地元の木や素材を使う場合はなおさらです。

　一例ですが、このように地元の工務店をお勧めする合理的な理由があるのです。

依頼先の見極め5つのポイント

① 高性能なエコハウス専門店で実績も豊富にある。
考え方や目指す性能値・室温・光熱費等が明確

② 室温や光熱費をシミュレーションしながら設計を行い、
建てた後の結果を元に改善を続けている

③ 顧客の家の性能値・室温・光熱費等のデータを
積極的に公開している

④ 高性能なエコハウスに関する情報や知識を持ち、
積極的に公開・提供している

⑤ エコハウスに関する認定取得や
コンテスト受賞などの実績がある

依頼先候補が高性能なエコハウスをきちんとつくれるかを見極める一番の方法は、顧客が住んでいる家を訪ね、居心地を体感し、住まい手の本音を聞くことです。そんなイベントを開催する事業者も増えています。その際［P 54-55］で解説した建物の断熱性能を表す「Q値」「UA値」、気密性能を表す「C値」も聞いておき、その数値に体感を重ね、自分たちにはどれぐらいの性能が必要なのか考えてみるといいでしょう。とはいえそれは簡単なことではありません。信頼できる高性能なエコハウスのプロに、性能についてはお任せするのが一番楽で失敗がありません。信頼できるプロかどうかは実際に会っての判断になりますが、ポイントとして以上の5つを挙げておきます。

やっぱりお金の話も大事

お得にエコハウスを建てる補助金・ローンの秘訣

国や地方自治体は高性能エコハウスの普及を後押しするため様々な補助金を用意しています。例えば「平成28年度地域型住宅グリーン化事業」という国土交通省の補助金の場合、条件を満たすゼロ・エネルギー住宅に上限165万円の補助を行っています。

一方金融機関では高性能なエコハウスの担保価値を高く評価しており、一般の住宅よりも有利な住宅ローンを提供しています。「フラット35 S」という住宅金融支援機構と民間金融機関による長期固定ローン商品の場合、当初10年間の金利が年マイナス0.3％となり、35年間の総支払額は3000万円の借入れで90万円弱お得になります（期間限定商品のため詳細はご確認下さい）。

これらを上手く活用することで高性能化に伴うコストアップに対する負担を軽減できます。

コラム　高性能なエコハウスを手に入れたくなったら

マンガ　はじめて家を建てました！

あべ かよこ（著）、ダイヤモンド社
2009/09、1,543円

―

漫画家のあべかよこ氏が二世帯住宅を建てた際のリアルなエピソードに、専門家による解説がほどよくブレンドされた、家づくりマンガの決定版。工務店とハウスメーカーの違い、家づくりにかかるお金の実際などの基礎知識も丁寧に紹介。

COLUMN 4
もっと知りたい オススメ図書

高性能なエコハウスを手に入れたくなったら、まずエコハウスに関する書籍を読んでみましょう。
書籍は情報が体系的に整理されているため、まず書籍で基本的な知識を体系的に深め、ある程度情報を判断できるようになってからWebで情報収集することをお勧めします。事業者発信の情報に惑わされることが少なくなりますし、信頼できる事業者を見極めることができるようになっていきます。

リンゴのような家

「リンゴのような家」編集室（編）、新建新聞社
2013/11、2,138円

―

住み心地を決める設計と求められる性能の質を、「リンゴ」のメタファー（比喩）と祖父江ヒロコさんのイラストによってわかりやすく解説するユニークな生活者向け解説本。丁寧に設計され長く愛されている住宅実例も豊富に掲載。

> コラム　高性能なエコハウスを手に入れたくなったら

エコハウスのウソ［増補改訂版］

前真之（著）、日経BP社
2015/12、2,484円

—

本書の執筆者でエコハウスを研究する環境学者の前真之氏が、最新のデータを用いて誤解を解きほぐしながらエコハウスを解説。生活者・プロともに目からウロコの新常識が満載です。「本当のエコハウス」を考えるうえで欠かせない1冊。

図解エコハウス

竹内昌義（著）, 森みわ（著）、エクスナレッジ
2012/12、2,376円

—

本書の執筆者で建築家の竹内昌義氏・森みわ氏がエコハウスを整理・解説するプロ・生活者とも参考にできる1冊。燃費を削減する方法、熱とエネルギーの関係、住宅設備を省エネにする方法などをイラストで説明しています。エコハウスの事例もカラーで紹介。

伊礼智の住宅設計作法
―小さな家で豊かに暮らす

伊礼智（著）、新建新聞社
2015/05、2,160円

—

本書の執筆者で建築家の伊礼智氏初の単行本。小さな家で豊かに暮らすための設計メソッドを解説したプロ向けのテキストですが、文章が平易でわかりやすく写真・図版が豊富に収録されており、生活者からも家づくりの参考書として活用されています。

おわりに

　家を建てようと思った時、まずは素敵なキッチンやお風呂、リビング、そして間取りをどうしようか…と考えるのが普通です。でも、その前に、もっと大事なことがあります。その家を、断熱・気密や、太陽や風など自然のエネルギーを上手に使う《高性能なエコハウス》にすることです。《高性能なエコハウス》なら、健康で気持ちよく電気代などの燃費も安い、もっと豊かな間取りだって可能な、素敵な住まいと暮らしが約束されます。この本は、これから家を建てる、1人でも多くの皆さんにそのことを知ってもらいたいと企画されました。

　家は今を楽しく健やかに暮らす場であるとともに、10年後、20年後、もっと先の世代にまで受け継がれるかけがえのない財産です。だからこそ家づくりの基本を学ぶことが必要との思いのもと、この本を「あたらしい家づくりの教科書」と名付けました。

　ますます進む少子高齢化や地球温暖化、思うように伸びない経済成長、東日本大震災の原発事故で気付かされたエネルギー危機など、これからの私たちの暮らしになかなか明るい兆しが見えて来ない今日、家づくりは大きな転換期を迎えています。《高性能なエコハウス》は、住まい手にとっても家のつくり手にとっても、そして日本全体の成長にとっても、幸福な未来をひらく大きな突破口になります。

　この本を通じて少しでも多くの方が、後悔しない、満足できる高性能な家づくりに取り組んでもらえることを、心から願ってやみません。

　本書の出版にあたり、ご寄稿頂いた日本を代表する《高性能なエコハウス》のエキスパートである9人の先生方、熱い思いで編集にあたって頂いた伊藤菜衣子氏、そして執筆とともに本書を世に送り出してくれた新建新聞社社長の三浦祐成氏に感謝申し上げます。

YKK AP 株式会社
「あたらしい家づくりの教科書」企画チーム
魚津 彰　石川 創　今野 哲生

参考文献

P70-71　※1：河北新報6月3日(金)「<仮設住宅>ぜんそく発症　主因はダニ」
http://www.kahoku.co.jp/tohokunews/201606/20160603_15015.html
※2：福冨・安枝：室内環境中のダニ・昆虫とアレルギー疾患、Urban Pest Management Vol.1(No.1) pp.33-42, 2011
※3：総務省消防庁「平成27年の熱中症による救急搬送状況」平成27年10月16日
http://www.fdma.go.jp/neuter/topics/houdou/h27/10/271016_houdou_1.pdf
※4：消費者庁「冬場に多発する高齢者の入浴中の事故に御注意ください！」平成28年1月20日
http://www.caa.go.jp/policies/policy/consumer_safety/release/pdf/160120kouhyou_2.pdf
※5：Gasparrini A. et al.; Mortality risk attributable to high and low ambient temperature: A multicountry observational study, www.thelancet.com Published online May 21, 2015 http://dx.doi.org/10.1016/S0140-6736(14)62114-0

P72-73　※6：厚生労働省人口動態統計
※7：Matthew E. Falagas, eta al; Seasonality of mortality: the September phenomenon in Mediterranean countries, Journal of Canadian Medical Association, 2009 October 13; 181(8): 484–486.
※8：Ormandy D., et al.; Housing and Health in Europe: The WHO LARES Project, 2009

P74-75　※9：岩前篤「住宅断熱性の健康改善効果に関する大規模アンケート調査」日本建築学会環境工学委員会熱環境運営委員会第43回熱シンポジウム"居住環境における寒さと健康・快適"、2013.10、pp.87-90

P76-77　※10：磯部、岩前：温湿度変動の肌水分に与える影響に関する研究,日本建築学会学術講演梗概集2010年,D-2,環境工学II, pp.609-610
※11：岩城、秋元、岩前：アンチエイジング的観点における住環境の様態に関する研究　睡眠環境要因の影響、定量化に関する基礎実験、人間-生活環境系シンポジウム報告集39, 201-204, 2015-11-16

P78-79　※12：Philippa Howden-Chapman, et al.: Effect of insulating existing houses on health inequality: cluster randomised study in the community, BMJ, doi:10.1136/bmj.39070.573032.80
※13：伊香賀俊治他「健康維持がもたらす間接的便益(NEB)を考慮した住宅断熱の投資評価」日本建築学会環境系論文集 Vol.76 (2011) No.666 pp.735-740

あたらしい家づくりの教科書

執筆（掲載順）	前 真之
	松尾 和也
	水上 修一
	岩前 篤
	今泉 太爾
	竹内 昌義
	伊礼 智
	森 みわ
	三浦 祐成

企画	YKK AP株式会社

編集	伊藤 菜衣子（暮らしかた冒険家）

デザイン	青山 剛士（drop around）
巻頭写真	池田 秀紀、伊藤 菜衣子
イラスト	CHALKBOY
表紙イラスト	阿部 寛文

撮影協力	La Vida
	in-kyo
	THE GOOD GOODIES
	金子 洋典・恵理・月陽
	森 クロロ
作図協力	トロッコ一級建築士事務所
	三木佐藤アーキ
UA値計算	夏見 諭
協力	葛原 信太郎
	工藤 裕太
	杉浦 洋平
	西村 真友美
	大石 幸奈
	三浦 秀一

発行日	2016年10月21日第2刷発行
発行者	三浦 祐成
発行所	株式会社新建新聞社
	［東京本社］東京都千代田区紀尾井町3-27-5F
	TEL：03-3556-5525
	［長野本社］長野県長野市南県町686-8
	TEL：026-234-4124
印刷	図書印刷株式会社

©Shinken shinbunsya 2016 Printed in Japan
本書の一部あるいは全部を、許可なしに無断で転載・複製することを
禁じます。落丁・乱丁はお取り替えいたします。
ISBN 978-4-86527-059-4 C2052
定価はカバーに記しています。